Cahier d'activités

Parallèles

Communication et culture

Second Edition

Nicole Fouletier-Smith

Prentice Hall, Upper Saddle River, NJ 07458

CONTENTS

COMPRÉHENSION AUDITIVE

LECTURE ET EXPRESSION ÉCRITE

VIDÉO

TO THE STUDENT

This **Cahier d'activités** to accompany **Parallèles** is divided into three parts:

Part 1: Pronunciation and listening comprehension activities
Part 2: Reading and writing activities
Part 3: Video activities

The pronunciation and listening activities in Part 1 are based on the recordings in the Parallèles Audioprogram and are designed to be done in a language laboratory or media center. These activities serve two purposes. The pronunciation activities help you develop accurate and fluent spoken French. The listening activities focus on specific vocabulary items, structural points, or situations; they thereby complement the activities in the *En direct* sections of each dossier of your textbook. Certain types of exercises recur in successive dossiers, for example; Is the statement true or false?; Is the response logical or illogical?

The reading and writing activities in Part 2, which will normally be assigned as out-of-class homework, are organized to parallel the activities in your textbook. *Contextes* and *Outils* sections practice the new vocabulary and grammatical structures that are presented in your text. And the last section contains global or synthetic activities that are focused on the dossier as a whole; they correspond to the activities in the *Découvertes* section of your textbook.

The *Contextes* and *Outils* sections are carefully sequenced to begin with simple, structured activities and move gradually to more communicative and personalized activities. This sequencing will help you first to learn the vocabulary or structure in question, then to practice it in a more controlled situation, and finally to use it to express your own thoughts or ideas.

Part 3 of this Cahier contains viewing activities designed for use with the **Vidéo Parallèles**. Each dossier begins with a brief overview of the action in each video clip, followed by pre-viewing activities. Next, a series of viewing and post-viewing activities focus on both the images presented and the audio text. Finally, the section entitled Parallèles? encourages you to make comparisons between your own culture and Francophone cultures.

Compréhension auditive

Dossier préliminaire

Phonétique: L'alphabet; accents et consonnes

P-1 L'alphabet. Repeat the letters of the alphabet after the speaker.

P-2 Accents et consonnes. Pronounce the following names and words, paying careful attention to the underlined letters and to final consonants. Then underline the final consonants that are pronounced.

1. Jacques
2. François / Françoise
3. Michel / Michèle
4. André
5. Marc

6. cathédrale
7. fenêtre
8. naïf
9. cassette
10. Hélène

Dossier 1 *Premiers contacts*

Contextes

1-1 Écoutez. Listen to the recorded **Contexte 4, Le nouveau**.

1-2 Répétez. Listen to **Contexte 4** again and repeat each phrase after the speaker.

1-3 Imitez. Now replay **Contexte 4** again very low and do a voice-over, trying to match the speakers' delivery and intonation as closely as you can.

1-4 Logique ou illogique? Circle *L* or *I* to indicate whether each of the dialogue excerpts you hear is logical or illogical.

1.	L	I		4.	L	I
2.	L	I		5.	L	I
3.	L	I		6.	L	I

Outils

Outil 1. Les pronoms sujets et le verbe **être;** la négation

1-5 Pronoms sujets et le verbe *être*. Circle *M, F, FF,* or *MF* to indicate whether the person speaking is referring to one man, one woman, several women, or several men and women.

1.	M	F	FF	MF
2.	M	F	FF	MF
3.	M	F	FF	MF
4.	M	F	FF	MF
5.	M	F	FF	MF
6.	M	F	FF	MF

1-6 La négation. Listen to the text and circle *T* or *F* to indicate whether the statements are true or false.

1.	T	F	Julie is a photographer.
2.	T	F	Julie is from Paris.
3.	T	F	Henri is from Brest.
4.	T	F	Henri does not feel well today.
5.	T	F	Open the window. Henri needs air.

Outil 2. Nombres, genres, articles et contractions

1-7 Contractions avec *à*. Listen to each statement and write down whether you hear **à** or **au, à la, à l', aux**.

1. _____   2. _____   3. _____   4. _____   5. _____   6. _____

1-8 Contractions avec *de*. Listen to each statement and write down whether you hear **de** or **du, de la, de l', des**.

1. _____   2. _____   3. _____   4. _____   5. _____   6. _____

Outil 3. Les verbes en **-er**; adverbes communs

1-9 Complétez la phrase. Circle *a* or *b* to indicate the most logical rejoinder to each question or statement.

1. a. Oui, elle n'étudie pas beaucoup.
   b. Oui, elle travaille.

2. a. Non, nous écoutons la radio.
   b. Oui, nous rencontrons des copains.

3. a. En effet, ils passent du temps au café.
   b. En effet, ils chantent très bien.

4. a. Oui, nous parlons souvent au téléphone.
   b. Oui, nous regardons un film.

5. a. Non, nous travaillons à Paris.
   b. Nous, nous étudions l'américain.

6. a. En fait, mes copains et moi, nous ne dansons jamais.
   b. Oui, on passe le week-end avec les parents.

1-10 Singulier ou pluriel? The sentences you hear will contain third-person forms of regular **-er** verbs. Circle *S* or *P* to indicate whether each verb is in the singular or the plural.

1.   S   P   3.   S   P   5.   S   P

2.   S   P   4.   S   P   6.   S   P

1-11 Adverbes. Write the adverb you hear in each sentence.

1. _____   4. _____

2. _____   5. _____

3. _____   6. _____

Outil 4. Questions avec changement d'intonation, **est-ce que... ?, n'est-ce pas?**

1-12 Ordre, question ou confirmation? Indicate whether you hear a command, a question, or a request for confirmation.

	COMMAND	QUESTION	REQUEST FOR CONFIRMATION
1.	_____	_____	_____
2.	_____	_____	_____
3.	_____	_____	_____
4.	_____	_____	_____
5.	_____	_____	_____
6.	_____	_____	_____
7.	_____	_____	_____
8.	_____	_____	_____

Phonétique: Syllabation et liaison, première étape

1-13 Prononciation. Pronounce the following words and phrases, taking care to link consonants to the vowel sounds that follow them.

1. Comment s'appelle-t-elle?

2. Il est d'où?

3. Ce n'est pas Amélie. C'est Amina Doucet.

4. Il est architecte.

5. L'ordinateur est à Olivier.

6. On chante assez bien.

7. Je suis étudiant.

8. Voilà encore un futur ingénieur.

9. Est-ce qu'on invite encore un ingénieur?

1-14 Discrimination. As you listen, indicate with a subscript arc where you hear a **liaison**.

MODÈLE: *Voici des étudiants.*

1. Voilà des affiches.

2. Les Américains sont ici.

3. Ils habitent à Lyon.

4. Elles arrivent à deux heures.

5. Vous êtes journaliste?

6. C'est un examen très important.

Dossier 2 *On rejoint la communauté francophone*

Contextes

2-1 Écoutez. Listen to the recorded **Contexte 4, Au Sénégal avec Aliou Badara**.

2-2 Répétez. Listen to **Contexte 4, Au Sénégal avec Aliou Badara** again and repeat each phrase after the speaker.

2-3 Imitez. Now replay **Contexte 4** again very low and do a voice-over, trying to match the speakers' delivery and intonation as closely as you can.

2-4 Logique ou illogique? Circle *L* or *I* to indicate whether each of the dialogue excerpts you hear is logical or illogical.

1.	L	I	3.	L	I	5.	L	I
2.	L	I	4.	L	I	6.	L	I

2-5 Vrai ou faux? You will hear a series of statements concerning the interview in **Contexte 4**. Circle *T* or *F* to indicate whether each statement is true or false.

1.	T	F	3.	T	F	5.	T	F
2.	T	F	4.	T	F	6.	T	F

Outils

Outil 1. Verbes réguliers en **-er** avec des changements orthographiques

2-6. Dictée. Write the verbs you hear in the blanks.

1. Jules _____ son frère.

2. Vous _____ la plage.

3. Nous _____ aujourd'hui.

4. Il _____ faire un voyage.

5. Nous _____ souvent.

6. Annie _____ un vélo.

7. Tu _____ le foot au tennis.

8. Vous _____ votre père!

9. Mais enfin, vous n'_____ pas.

10. Il s'_____ Philippe.

Outil 2. Les adjectifs réguliers: accord et place

2-7 Descriptions des gens. Check whether each adjective you hear could refer to Denis, to Denise, or to either one.

	DENIS	DENISE	EITHER			DENIS	DENISE	EITHER
1.	____	____	____	4.		____	____	____
2.	____	____	____	5.		____	____	____
3.	____	____	____	6.		____	____	____

2-8 Singulier ou pluriel? Circle *S* or *P* to indicate whether the person or thing described in each sentence is singular or plural.

1.	S	P	3.	S	P	5.	S	P
2.	S	P	4.	S	P	6.	S	P

Outil 3. Le verbe **avoir; pas de**

2-9 Avoir ou être? Check whether you hear a form of the verb **avoir** or of the verb **être** in the following sentences.

	AVOIR	ÊTRE
1.	____	____
2.	____	____
3.	____	____
4.	____	____
5.	____	____
6.	____	____

2-10 *Plusieurs* ou *aucun*? Check **plusieurs** (*several*) or **aucun** (*none*) to indicate whether the following people own several items or none at all.

	PLUSIEURS	AUCUN
1.	____	____
2.	____	____
3.	____	____
4.	____	____
5.	____	____
6.	____	____

Outil 4. Questions d'information; inversion

2-11 Logique ou illogique? Circle *L* or *I* to indicate whether the dialogue excerpts you hear are logical or illogical.

1.	L I	3.	L I	5.	L I
2.	L I	4.	L I	6.	L I

2-12 Pardon? You are not getting your facts very straight. Circle the question word you can use to ask for clarification in each case.

1. Comment?   Combien?   Quand?   Où?   Pourquoi?

2. Comment?   Combien?   Quand?   Où?   Pourquoi?

3. Comment?   Combien?   Quand?   Où?   Pourquoi?

4. Comment?   Combien?   Quand?   Où?   Pourquoi?

5. Comment?   Combien?   Quand?   Où?   Pourquoi?

6. Comment?   Combien?   Quand?   Où?   Pourquoi?

Phonétique: Rythme et intonation

2-13 Prononciation. Pronounce the following sentences, taking care to give each syllable equal stress.

1. Vous êtes de Dakar.

2. Il sont photographes.

3. Elle s'appelle Marianne.

4. Ils sont de Québec.

5. C'est un homme obstiné.

2-14 Discrimination. Indicate whether you hear a statement (**fait**) or a question.

	FAIT	QUESTION		FAIT	QUESTION
1.	_____	_____	5.	_____	_____
2.	_____	_____	6.	_____	_____
3.	_____	_____	7.	_____	_____
4.	_____	_____	8.	_____	_____

Dossier 3 *Tour de France*

Contextes

3-1 Écoutez. Listen to the recorded **Contexte 2, Un climat tempéré mais varié: Quel temps fait-il?**

3-2 Répétez. Listen to **Contexte 2, Un climat tempéré mais varié: Quel temps fait-il?** again and repeat each phrase after the speaker.

3-3 Imitez. Now replay **Contexte 2** again very low and do a voice-over, trying to match the speaker's delivery and intonation as closely as you can.

3-4 Complétez la phrase. Circle *a*, *b*, or *c* to indicate the most logical phrase to complete each sentence.

1. a. faire du ski

    b. faire des courses

    c. faire de la planche à voile

2. a. dans le sud de la France

    b. dans les Alpes

    c. au musée

3. a. la plage

    b. les monuments

    c. la campagne

4. a. chaud

    b. bon

    c. froid

3-5 Vrai ou faux? Circle *T* or *F* to indicate whether the statements about each picture are true or false.

1. T   F
2. T   F
3. T   F
4. T   F

5. T   F
6. T   F
7. T   F
8. T   F

9. T   F
10. T   F
11. T   F
12. T   F

3-6 Comment? Check whether the phrase you hear is a statement, a question, or an exclamation.

STATEMENT	QUESTION	EXCLAMATION		STATEMENT	QUESTION	EXCLAMATION
1. ____	____	____	5. ____	____	____
2. ____	____	____	6. ____	____	____
3. ____	____	____	7. ____	____	____
4. ____	____	____	8. ____	____	____

Outils

Outil 1. Les adjectifs qui précèdent le nom

3-7 Répétez. Repeat each sentence, paying attention to pronunciation, rhythm, and intonation.

1. Quel bel endroit!

   Quelle belle région!

   Quelles belles montagnes!

   Quel beau château!

2. C'est un vieil homme.

   C'est une vieille église.

   C'est un vieux monument.

3. Voici un nouvel hôtel.

   C'est une nouvelle exposition.

   C'est un nouveau film.

3-8 Complétez la phrase. Circle *a* or *b* to indicate the most logical rejoinder to each statement.

1. a. Oui, c'est une belle journée.

   b. En effet, quelle mauvaise journée!

2. a. Mais elles sont petites.

   b. Oui, elles sont grosses.

3. a. C'est un bel endroit.

   b. C'est une belle saison.

4. a. Il n'est pas vieux.

   b. Elle n'est pas vieille.

5. a. Quelle jolie maison!

   b. Quelles jolies maisons!

6. a. Oui, il n'est pas jeune.

   b. Oui, elle n'est pas jeune.

Outil 2. Le verbe **faire**

3-9 Logique ou illogique? Circle *L* or *I* to indicate whether the dialogue excerpts you hear are logical or illogical.

1. L I   3. L I   5. L I   7. L I

2. L I   4. L I   6. L I   8. L I

Outil 3. Le verbe **aller** et le futur proche

3-10 Origine ou destination? Check whether the speaker is giving someone's origin or his/her destination.

	ORIGINE	DESTINATION			ORIGINE	DESTINATION
1.	_____	_____	4.		_____	_____
2.	_____	_____	5.		_____	_____
3.	_____	_____	6.		_____	_____

3-11 Présent ou futur proche? Check whether the speaker is talking about the present or the future.

	PRÉSENT	FUTUR			PRÉSENT	FUTUR			PRÉSENT	FUTUR
1.	_____	_____	3.		_____	_____	5.		_____	_____
2.	_____	_____	4.		_____	_____	6.		_____	_____

Outil 4. Les pronoms toniques

3-12 De qui parle-t-on? Complete each sentence with the stressed pronoun that correctly refers to the person(s) mentioned.

1. Tu vas à la plage avec _____?

2. Je n'aime pas Charles, et _____ non plus.

3. On va tous chez Dominique ce soir. Ça va aussi pour _____?

4. Vous faites de la moto ensemble, _____?

5. Je n'ai pas envie de visiter l'exposition, mais _____, si!

6. Samedi, nous allons à une fête chez _____.

7. Nicole va faire du ski avec _____. C'est sympa, non?

8. Les Français aiment bien faire de la planche à voile. Et _____?

Phonétique: Enchaînement et liaison, seconde étape

3-13 Prononciation. Repeat each phrase after the speaker, taking particular care to pronounce the final sound (consonant or semivowel) of the adjective with the first syllable of the noun.

1. Quelle agréable visite!

2. C'est un bel été.

3. Un nouvel hiver commence.

4. C'est un très vieil homme!

5. Quel automne agréable!

3-13. Discrimination. Make an arc linking each of these adjectives to the following noun.

1. de beaux hôtels
2. de nouveaux endroits
3. de vieux hommes
4. de bons amis
5. de petits appartements
6. un petit hôtel
7. un grand hôtel
8. de grands hôtels
9. de jolies églises
10. de bons endroits

Dossier 4 *La ville et le quartier*

Contextes

4-1 Écoutez. Listen to the recorded **Contexte 2, On s'oriente et on se renseigne**.

4-2 Répétez. Listen to **Contexte 2, On s'oriente et on se renseigne** again, and repeat each phrase after the speaker.

4-3 Imitez. Now replay **Contexte 2** again very low and do a voice-over, trying to match the speakers' delivery and intonation as closely as you can.

4-4 Complétez la phrase. Circle *a* or *b* to indicate the most logical rejoinder to each statement.

1. a. Je suis en ville.

    b. Je suis à la campagne.

2. a. Tu as besoin d'aspirine.

    b. Tu changes un chèque de voyage.

3. a. C'est un stade.

    b. Ce n'est pas loin d'ici.

4. a. C'est un bon restaurant.

    b. Continuez tout droit.

5. a. On vend des cartes postales et des cigarettes.

    b. On vend des pâtisseries délicieuses.

6. a. Je prends un taxi.

    b. Je vais à pied.

4-5 Où ça se trouve? *(Where is that?)* Decide whether each statement is true (**vrai**) or false (**faux**), according to the map. You are at the bottom of the page looking up toward the top of the page.

1.   V   F   3.   V   F   5.   V   F

2.   V   F   4.   V   F   6.   V   F

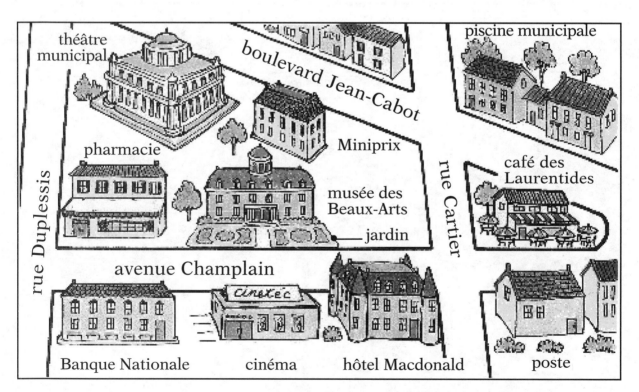

4-6 Vrai ou faux? Decide whether the following instructions are correct or not, according to the map.

1. V F   3. V F   5. V F

2. V F   4. V F   6. V F

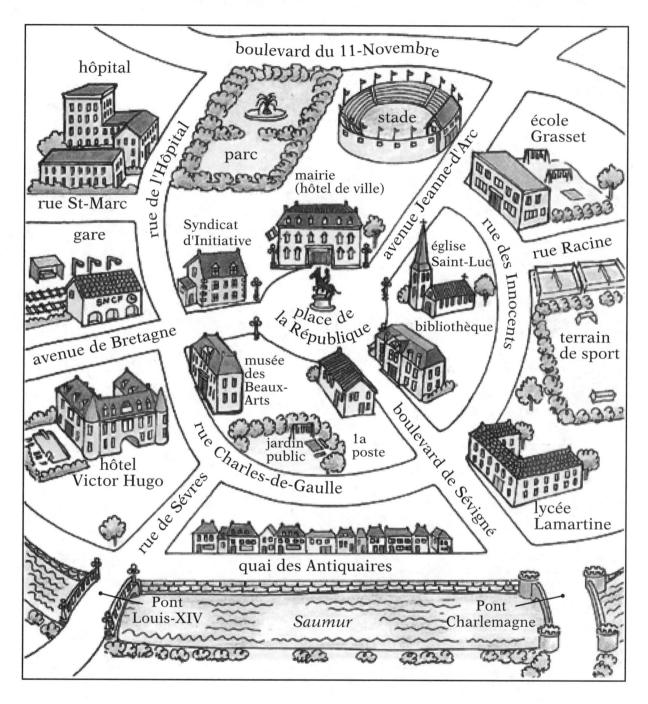

Outils

Outil 1. Les adjectifs possessifs

4-7 Singulier ou pluriel? Listen to the phrases containing possessive expressions. Circle *S* or *P* to indicate whether each phrase refers to one "owner" *(S)* or to several "owners" *(P)*.

1.	S	P	5.	S	P	9.	S	P
2.	S	P	6.	S	P	10.	S	P
3.	S	P	7.	S	P			
4.	S	P	8.	S	P			

4-8 Dictée. Write down the possessive adjective you hear in each sentence.

1. _____ 4. _____ 7. _____

2. _____ 5. _____ 8. _____

3. _____ 6. _____ 9. _____

Outil 2. L'Impératif et le conditionnel de politesse

4-9 De qui s'agit-il? Indicate with an X which pronoun is the understood subject of the command you hear.

	TU	VOUS	NOUS
1.	_____	_____	_____
2.	_____	_____	_____
3.	_____	_____	_____
4.	_____	_____	_____
5.	_____	_____	_____
6.	_____	_____	_____
7.	_____	_____	_____
8.	_____	_____	_____

4-10 Logique ou illogique? Circle *L* **(Logique)** or *I* **(Illogique)** to indicate whether or not the command or suggestion you hear is logical or illogical for the situation.

1. Il fait chaud.   L   I

2. Tu as besoin d'étudier.   L   I

3. La banque est en face.   L   I

4. Le restaurant ouvre dans 20 minutes.   L   I

5. Le théâtre est à droite.   L   I

4-11 Politesse extrême. Indicate whether the speaker is quite direct (Direct) or very polite (Polite) by circling either **Direct** or **Poli**.

1. Direct   Poli

2. Direct   Poli

3. Direct   Poli

4. Direct   Poli

5. Direct   Poli

Outil 3. Les verbes réguliers en **-re**; le verbe **prendre**

4-12 Singulier ou pluriel? The sentences you will hear contain third-person verb forms. Circle *S* or *P* to indicate whether each verb is in the singular or the plural.

1.   S   P   4.   S   P

2.   S   P   5.   S   P

3.   S   P   6.   S   P

4-13 Quel infinitif? Write the infinitive of the verb you hear in each sentence.

1. _____   3. _____   5. _____

2. _____   4. _____   6. _____

Outil 4. L'heure; les nombres cardinaux 31–100; l'heure officielle

4-14 Nombres cardinaux. Complete each sentence with the (arabic) number(s) you hear.

1. Elle a _____ ans.

2. Le Palais de l'Élysée se trouve _____, rue du Faubourg St-Honoré.

3. Mon numéro de téléphone, c'est le _____ _____ _____ _____.

4. Ils habitent _____, rue Philippe-le-Bon.

5. Il va avoir _____ ans vendredi.

6. Comment? _____ et _____ font _____?

7. Ma voiture, c'est une _____.

8. Non, Madame, ce n'est pas le _____ _____ _____ _____.

9. Vous êtes sûr? _____ moins *(less)* ___ font _____?

10. Combien font trois fois *(times)* _____? _____.

4-15 À quelle heure? Write the time expression (for example 3 h 15) that is used in each sentence.

1. à _____

2. à _____

3. à _____

4. de _____ à _____

5. à _____

6. à _____

7. à _____

8. à _____

9. à _____

10. à _____

4-16 L'horaire officiel. Write the departure and arrival times for each train.

	DÉPART	ARRIVÉE
1. le train de Marseille	_____	_____
2. le train de Nice	_____	_____
3. le train de Dijon	_____	_____
4. le train de Lyon	_____	_____
5. le train de Toulon	_____	_____

4-17 Conversion. Listen to the following official times, and circle *a* or *b* to indicate the equivalent of each in normal time.

1. a. 1 h 20 de l'après-midi
    b. 1 h 20 du matin

2. a. 9 h 04 du matin
    b. 9 h 04 du soir

3. a. 6 h 51 du matin
    b. 6 h 51 du soir

4. a. 8 h 45 du matin
    b. 8 h 45 du soir

5. a. 3 h 35 de l'après-midi
    b. 3 h 35 du matin

6. a. 4 h 20 de l'après-midi
    b. 4 h 20 du matin

4-18 En avance, à l'heure ou en retard? Listen to each situation, and circle *a* or *b* to indicate the appropriate statement regarding time.

1. a. Isabelle est à l'heure.
    b. Isabelle est en retard.

2. a. Tu es en avance.
    b. Tu es en retard.

3. a. Nous sommes en retard.
    b. Nous sommes à l'heure.

4. a. Ils sont à l'heure.
    b. Ils sont en retard.

Phonétique: Les voyelles orales, première étape: Les voyelles ouvertes

[a] **a**ller, [ɛ] b**e**lle, [œ] l**eu**r, [ɔ] b**o**nne

4-19 Prononciation. Listen and repeat the following phrases, paying particular attention to the underlined vowel sounds.

1. Michel, l'hôtel de ville est laid *(ugly)*.

2. C'est tout près, dans un bel hôtel.

3. Je voudrais l'adresse.

4. Tu pourrais m'aider?

5. Le professeur est très jeune.

6. Vous êtes à l'heure.

7. À quelle heure arrive le directeur?

8. Ma sœur va chez le coiffeur.

9. D'accord? On téléphone à Nicole!

10. C'est l'école de Georges et Paul.

11. Charlotte est une bonne amie.

12. Alors! On commence à l'heure?

13. On va à la plage en Bretagne.

14. C'est la cathédrale de Chartres: magnifique, n'est-ce pas?

15. Anna, ne va pas au jardin!

16. Il va au Canada.

Dossier 5 *Des gens de toutes sortes*

Contextes

5-1 Écoutez. Listen to the recorded **Contexte 1, Instantanés**.

5-2 Répétez. Listen to the **Contexte 1, Instantanés** again, and repeat each phrase after the speaker.

5-3 Imitez. Now replay **Contexte 1** again very low and do a voice-over, trying to match the speakers' delivery and intonation as closely as you can.

5-4 Logique ou illogique? Circle *L* or *I* to indicate whether each of the dialogues you hear is logical or illogical.

1.	L	I	3.	L	I	5.	L	I	7.	L	I
2.	L	I	4.	L	I	6.	L	I	8.	L	I

Outils

Outil 1. Les verbes réguliers en **-ir**; les verbes comme **ouvrir**

5-5 Singulier ou pluriel? The sentences you will hear contain third-person verb forms. Circle *S* or *P* to indicate whether each verb is in the singular or the plural.

1.	S	P	3.	S	P	5.	S	P
2.	S	P	4.	S	P	6.	S	P

5-6 Quel infinitif? Write the infinitive of the verb you hear in each sentence.

1. _____   4. _____

2. _____   5. _____

3. _____   6. _____

Outil 2. Adjectifs irréguliers; **c'est** vs. **il est**

5-7 Masculin, féminin ou unisexe? Indicate whether the adjective you hear pertains to a male or to a female, or whether it could pertain to either one.

	MALE	FEMALE	EITHER		MALE	FEMALE	EITHER
1.	____	____	____	6.	____	____	____
2.	____	____	____	7.	____	____	____
3.	____	____	____	8.	____	____	____
4.	____	____	____	9.	____	____	____
5.	____	____	____	10.	____	____	____

5-8 De qui parle-t-on? Check the person being described in each sentence. (If both answers are correct, then check **les deux**.)

1. _____ Michel

   _____ Michèle

   _____ les deux

2. _____ Justin

   _____ Justine

   _____ les deux

3. _____ Anne et Marie

   _____ Marie et Serge

   _____ les deux

4. _____ Paul

   _____ Paulette

   _____ les deux

5. _____ Jean

   _____ Jeanne

   _____ les deux

6. _____ M. Leblanc

   _____ Mme Dubois

   _____ les deux

Outil 3. Le passé composé avec **avoir**

5-9 Verbe et infinitif. Write the verb form you hear in each sentence, then write its infinitive.

MODÈLE: *il a fini*
           finir

1. _____

   _____

2. _____

   _____

3. _____

   _____

4. _____

   _____

5. _____

   _____

6. _____

   _____

5-10 Passé composé ou futur proche? Check whether each sentence refers to the past (**passé composé**) or to the future (**futur proche**).

	PASSÉ COMPOSÉ	FUTUR PROCHE		PASSÉ COMPOSÉ	FUTUR PROCHE
1.	_____	_____	5.	_____	_____
2.	_____	_____	6.	_____	_____
3.	_____	_____	7.	_____	_____
4.	_____	_____	8.	_____	_____

Outil 4. Le comparatif et le superlatif de l'adjectif

5-11 Vrai ou faux? Circle *V* or *F* to indicate whether or not the comparative statement you hear is accurate.

1.	V	F	Charles fait 1 m 80; Marc fait 1 m 75.
2.	V	F	L'Équipe de France est numéro un du foot; l'équipe du Brésil est numéro deux.
3.	V	F	Mon père a 54 ans; ma mère a 56 ans.
4.	V	F	Anne-Marie a 300 francs. Céline a 300 francs.
5.	V	F	La famille Lemieux a cinq enfants. La famille Dubois a deux enfants.
6.	V	F	Michel fait 80 kilos. André fait 87 kilos.

5-12 Logique ou illogique? Circle *L* or *I* to indicate whether or not the answer you see is a logical one.

1.	L	I	Les meilleures équipes de foot.
2.	L	I	Les personnes très paresseuses.
3.	L	I	Les personnes les plus petites.
4.	L	I	Les situations avec de petits salaires et de grosses responsabilités.
5.	L	I	Les cours les plus difficiles.
6.	L	I	Les films avec les meilleurs acteurs.

Phonétique: Les voyelles orales, seconde étape: Les voyelles fermées

[i] **i**c**i**, [e] mus**ée**, [u] v**ou**s, [o] h**ô**tel

5-13 Prononciation. Listen and repeat the following phrases, paying close attention to the underlined vowels.

1. Philippe est un ami difficile.
2. Yves choisit bien ses amis.
3. Il a fini à six heures et demie.
4. Il a le nez d'Éric.
5. René réussit à l'école.
6. En réalité, il est très compétitif.
7. Jean-Loup? Mais il est fou!
8. Où se trouve la belle rousse?
9. Nous travaillons tous les jours.
10. Il est gros mais il est beau.
11. Oh! Mais c'est nouveau!
12. Ils sont libéraux mais un peu idiots.

Dossier 6 *Chez soi*

Contextes

6-1 Écoutez. Listen to the recorded **Contexte 4, La journée de Pierre Rollin**.

6-2 Répétez. Listen to **Contexte 4, La journée de Pierre Rollin** again, and repeat each phrase after the speaker.

6-3 Imitez. Now replay **Contexte 4** again very low and do a voice-over, trying to match the speaker's delivery and intonation.

6-4 Logique! Circle the most appropriate phrase to complete each sentence you hear.

1. a. dans la salle à manger
   b. dans la cuisine

2. a. au salon
   b. dans la salle de bains

3. a. une jolie petite terrasse
   b. un jardin

4. a. l'ascenseur
   b. l'escalier

5. a. un réfrigérateur
   b. une armoire

6. a. on passe l'aspirateur
   b. on fait les courses

6-5 Vrai ou faux? Look at the floor plan of this apartment, and decide whether the following statements are true *(V)* or false *(F)*.

1. V   F
2. V   F
3. V   F
4. V   F
5. V   F
6. V   F

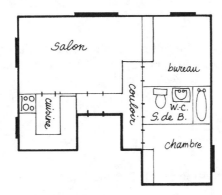

Outils

Outil 1. Les verbes **partir**, **sortir**, **dormir**, **venir**; le passé récent

6-6 Singulier ou pluriel? Listen to the following sentences, and indicate whether the third-person verb forms you hear are singular *(S)* or plural *(P)*.

1. S   P
2. S   P
3. S   P
4. S   P
5. S   P
6. S   P

Compréhension auditive

6-7 Origine ou passé récent? Listen to the following questions. Indicate whether each is asking about a recently completed action (**passé récent**) or where someone has come from (**point de départ**).

	POINT DE DÉPART	PASSÉ RÉCENT
1.	_____	_____
2.	_____	_____
3.	_____	_____
4.	_____	_____
5.	_____	_____
6.	_____	_____

Outil 2. L'adjectif interrogatif **quel**; l'adjectif démonstratif **ce**

6-8 Question ou exclamation? Listen to the following sentences containing a form of **quel**, and indicate whether they are questions or exclamations.

	QUESTION	EXCLAMATION			QUESTION	EXCLAMATION
1.	_____	_____		4.	_____	_____
2.	_____	_____		5.	_____	_____
3.	_____	_____		6.	_____	_____

6-9 Singulier ou pluriel? Listen to the following phrases containing demonstrative adjectives, and mark whether they are pointing out one person/thing *(S)* or more than one *(P)*.

1.	S	P	3.	S	P	5.	S	P
2.	S	P	4.	S	P	6.	S	P

6-10 Logique! Listen to each situation and the related question and choose the appropriate answer.

1. a. ces meubles anciens

   b. ces meubles modernes

2. a. cette petite lampe

   b. ce fauteuil confortable

3. a. un lave-linge

   b. un lave-vaisselle

4. a. cet appartement au premier étage

   b. cet appartement au troisième étage

5. a. cette petite maison

   b. ce bel appartement

6. a. ce fauteuil Empire

   b. cette table basse en aluminium

Outil 3. Le passé composé avec **être**

6-11 Tout à l'heure *(A little while ago)*. Listen to each sentence containing a verb in the **passé composé**. Then, complete the related sentence with the infinitive form of the verb you have heard.

1. On vient de _____.

2. Elle vient de _____ au bureau.

3. Vous venez d' _____.

4. Tu viens de _____ au jardin.

5. Nous venons de _____ devant notre ancien appartement.

6. Je viens de _____ dans ma chambre.

6-12 Quel verbe? Complete each sentence with the verb form you hear the speaker say. Be sure to make the past participle agree with the subject.

1. Nicole et Marc _____ au cinéma.

2. Anne, _____ longtemps à Paris?

3. Le train _____ à l'heure.

4. Nathalie _____ en France.

5. Georges et ses parents _____ au jardin.

6. Mes copains et moi, nous _____ tard.

Outil 4. Les verbes pronominaux au présent et à l'impératif

6-13 Logique! Listen to each situation, and circle *all* appropriate responses.

1. a. Il se coiffe.

   b. Il se rase.

2. a. Luc s'énerve.

   b. Luc s'excuse.

3. a. Vous vous retrouvez au café.

   b. Vous vous en allez en classe.

4. a. Vous vous disputez.

   b. Vous vous embrassez.

5. a. Nous nous inquiétons assez.

   b. Nous nous promenons.

6. a. Ils s'habillent.

   b. Ils s'installent en banlieue.

6-14 Logique ou illogique? Listen to the following sentences containing pronominal verbs, and decide whether the related statement you see is logical *(L)* or illogical *(I)*.

1.   L   I   Ils vont dîner.

2.   L   I   Nous nous entendons bien.

3.   L   I   Elle va se coucher.

4.   L   I   Henri s'impatiente.

5.   L   I   Tu te peignes.

6.   L   I   Vous êtes en retard.

Phonétique: Les voyelles orales, troisième étape: [ø], [y], [y] vs. [u]

6-15 Prononciation. Repeat the following words and sentences, paying particular attention to the vowels.

[ø]	[y]	[u]
banlieue	rue	tout
vieux	du	nous
lieu	venu	sous
peu	souvenu	doux
deux	tenu	d'où

1.   Tous les deux sont venus de la banlieue, c'est sûr.

2.   C'est le vieux Luc de la rue du Loup.

3.   Jules et nous, nous sommes descendus dans la rue.

6-16 Discrimination. One word of each pair will be read. Circle the word that you hear.

1.   tu / tout

2.   deux / d'où

3.   lieu / lu

4.   queue / cou

5.   jeu / joue

6.   peu / pou

7.   pou / pu

8.   rue / roue

Dossier 7 *La table*

Contextes

7-1 Écoutez. Listen to the recorded **Contexte 1, Les courses au supermarché**.

7-2 Répétez. Listen to **Contexte 1, Les courses au supermarché** again, and repeat each phrase after the speaker.

7-3 Imitez. Now replay **Contexte 1** again very low and do a voice-over, trying to match the speakers' delivery and intonation as closely as you can.

7-4 Les aliments. Circle *a*, *b*, or *c* to indicate the category in which the individual items you will hear named can be grouped.

1. a. la viande

    b. le poisson

    c. les boissons

2. a. les condiments

    b. les produits laitiers

    c. la charcuterie

3. a. le poisson

    b. les boissons

    c. les légumes

4. a   les légumes

    b. les produits laitiers

    c. les condiments

5. a. la viande

    b. la charcuterie

    c. les fruits

6. a. les boissons

    b. les légumes

    c. les fruits

7-5 Vrai ou faux? Circle *V* or *F* to indicate whether the following statements are true or false with regard to the remarks or questions that you hear.

1. V   F   On refuse poliment quelque chose.

2. V   F   On indique la fin du repas.

3. V   F   On accepte de reprendre de la viande.

4. V   F   On demande le prix.

5. V   F   Le vendeur refuse de rendre la monnaie au client.

6. V   F   On est en train de commander un repas au restaurant.

7. V   F   On demande quelque chose à table.

Outils

Outil 1. L'article partitif; révision de l'article défini et indéfini

7-6 Quel article? Write the form of the definite, indefinite, or partitive article which you hear used in each sentence.

1. Je vais prendre _____ thon.

2. Tu as acheté _____ baguette?

3. Laurent a commandé _____ haricots.

4. Il y a _____ beurre sur la table.

5. On prend _____ salade?

6. _____ cerises sont très belles.

7-7 Logique! Circle *a* or *b* to provide a logical conclusion to the statements you hear.

1. a. Je prends une pizza.
   b. Je prends une salade.

2. a. Ils boivent de l'eau minérale.
   b. Ils boivent de la bière.

3. a. Nous avons besoin d'œufs.
   b. Nous avons besoin de moutarde.

4. a. Oui, du gâteau au chocolat.
   b. Oui, un fruit.

5 a. On va dîner.
   b. On vient de dîner.

6. a. Vous achetez des fruits.
   b. Vous achetez des tomates.

Outil 2. Les verbes **mettre**, **boire** et **recevoir**

7-8 Singulier ou pluriel? Circle *S* or *P* to indicate whether the following third-person verb forms are singular or plural.

1. S   P   3. S   P   5. S   P

2. S   P   4. S   P   6. S   P

7-9 Logique ou illogique? Circle *L* or *I* to indicate whether the second sentence logically follows the first.

1. L   I   3. L   I   5. L   I

2. L   I   4. L   I   6. L   I

Outil 3. Expressions de quantité

7-10 Combien? Complete each sentence with the expression of quantity you hear.

1. Marie-Laure a mangé _____ de chocolats.

2. On va mettre _____ de poivre dans la sauce.

3. Certaines personnes boivent _____ d'alcool.

4. Du fromage et deux _____ de lait, s'il vous plaît.

5. Au rayon des produits laitiers j'ai acheté une _____ d'œufs et trois yaourts.

6. Une _____ de vin pour dix personnes? Ce n'est pas assez!

7. Il a acheté _____ de café!

8. 500 _____ de cerises, s'il vous plaît.

7-11 En quelle quantité? Circle *a* or *b* to indicate which phrase or sentence most logically fits the situation.

1. a. Je prends un camembert.

   b. Je prends un morceau de camembert.

2. a. 100 grammes de sucre sont assez.

   b. Mets 200 grammes de sucre!

3. a. C'est trop.

   b. Ce n'est pas assez.

4. a. Ce n'est pas assez.

   b. C'est trop.

5. a. Un verre, c'est assez pour moi.

   b. Une bouteille pour moi.

6. a. J'achète une douzaine de steaks.

   b. J'achète une demie-douzaine de steaks.

Outil 4. Les verbes pronominaux au passé composé

7-12 Pourquoi? Circle *a* or *b* to indicate the logical explanation for the situations that are described.

1. a. Vous vous êtes levé trop tard.

    b. Vous vous êtes levé trop tôt.

2. a. Enfin, il s'est mis à table.

    b. Enfin, il s'est excusé.

3. a. Elle s'est disputée avec son fiancé.

    b. Elle s'est bien amusée.

4. a. Nous sommes sortis au théâtre.

    b. Nous nous sommes promenés en bateau.

5. a. Ils vont se reposer.

    b. Ils vont se marier.

6. a. Je ne me suis pas couchée hier soir.

    b. Je me suis couchée très tard hier soir.

7-13 Conséquences! Indicate whether or not the following things probably happened, given the circumstances.

	SANS DOUTE	PROBABLEMENT PAS
1. Il a manqué le rendez-vous.	_____	_____
2. Elle s'est endormie facilement.	_____	_____
3. Ils se sont dépêchés.	_____	_____
4. Elle s'est habillée avec soin.	_____	_____
5. Maman s'est énervée.	_____	_____
6. Ils se sont disputés.	_____	_____

Phonétique: Les voyelles nasales [ã] **an**, [ɛ̃] **bien**, [ɔ̃] **on**, [œ̃] **un**

7-14 Prononciation. Repeat the following sentences, paying particular attention to the nasal vowels.

1. Le poisson est très bon.

2. Prends des condiments et de la viande.

3. Camembert et champagne ne vont pas ensemble.

4. C'est un vin blanc excellent.

5. Alain, du pain et du vin!

6. Le grand garçon brun est trop lent!

7-15 Discrimination. Listen and underline the word or expression you hear.

1. on / en / un

2. ton / temps / teint

3. vingt / vent / vont

4. beau / bon / banc

5. sein / sans / son

6. très / train / trop

7. faux / font / fou

8. lin / long / lent

9. attendre / entendre / comprendre

10. bon / bain / banc

Dossier 8 *La famille et le calendrier*

Contextes

8-1 Écoutez. Listen to the recorded **Contexte 3, Le calendrier familial**.

8-2 Répétez. Listen to **Contexte 3, Le calendrier familial**, and repeat each phrase after the speaker.

8-3 Imitez. Now replay **Contexte 3** again very low and do a voice-over, trying to match the speakers' delivery and intonation as closely as you can.

8-4 Des dates et des habitudes. Circle the letter of the appropriate answer.

1. a. le premier jour de l'année
   b. le dernier jour de l'année
   c. le 1er mai

2. a. un événement familial
   b. un événement religieux
   c. les deux

3. a. la fête nationale
   b. un anniversaire
   c. les deux

4. a. un anniversaire
   b. le Jour de l'An
   c. les deux

5. a. un type de serpentin
   b. un dessert traditionnel
   c. les deux

Outils

Outil 1. Les nombres de 100 à un milliard

8-5 La danse des chiffres. Write down the numbers you hear as arabic numerals. Then go back over them and spell them out as words.

1. _____

2. _____

3. _____

4. _____

5. _____

6. _____

Outil 2. L'imparfait I

8-6 Le bon vieux temps? Write the infinitive of the verb you hear describing how things used to be.

1. _____

2. _____

3. _____

4. _____

5. _____

6. _____

8-7 Voilà pourquoi! Circle *a* or *b* to indicate which circumstance most logically explains each event.

1. a. C'était l'anniversaire de sa sœur.

    b. C'était son anniversaire.

2. a. C'était son anniversaire.

    b. Elle faisait du camping.

3. a. Leur appartement était spacieux.

    b. Leur appartement était trop petit.

4. a. Elle allait au feu d'artifice.

    b. Elle était invitée à dîner chez son oncle.

5. a. Il avait encore faim.

    b. Il avait soif.

6. a. Georges faisait la vaisselle tous les soirs.

    b. Georges ne rangeait jamais sa chambre.

Outil 3. L'imparfait II

8-8 Description ou habitude? Check whether each sentence you hear describes the way things were (**description**) or refers to habitual or repeated past actions (**habitude**).

	DESCRIPTION	HABITUDE
1.	_____	_____
2.	_____	_____
3.	_____	_____
4.	_____	_____
5.	_____	_____
6.	_____	_____

Compréhension auditive

8-9 Évidemment! Circle *L* or *I* to indicate whether the statement you see logically follows the statement you have heard.

1. L   I   On offrait ses vœux à ses parents et cousins.

2. L   I   Bien sûr, le dessert était une traditionnelle pièce montée.

3. L   I   C'était très touchant.

4. L   I   J'avais beaucoup de temps libre.

5. L   I   D'habitude il restait au jardin.

6. L   I   Comme d'habitude, tout le monde travaillait.

Outil 4. Les verbes **vouloir**, **pouvoir** et **devoir**

8-10 Singulier ou pluriel? Circle *S* or *P* to indicate whether the third-person verb forms in the sentences you hear are singular or plural.

1.   S   P   3.   S   P   5.   S   P

2.   S   P   4.   S   P   6.   S   P

8-11 Logique ou illogique? Circle *L* or *I* to indicate whether the following statements are logical or illogical, given the circumstances.

1. L   I   Il a dû étudier hier.

2. L   I   Mais il ne veut pas quitter ses copains pour 15 jours.

3. L   I   Elle veut passer ses vacances à la montagne pour faire du ski.

4. L   I   Il a dû se dépêcher.

5. L   I   Il va pouvoir gagner le marathon.

6. L   I   On doit attendre.

Phonétique: Les semi-voyelles [w] m**oi**, [j] v**ieux**, [ɥ] h**ui**t

8-12 Prononciation. Repeat the following sentences, paying particular attention to the glides (semi-vowels).

1. Juin et juillet sont des mois très chauds.

2. As-tu payé le calendrier?

3. Il y a combien de jours fériés sur le calendrier?

4. La circulation effraie *(scares)* Juliette.

5. T<u>oi</u> et m<u>oi</u>, nous vo<u>y</u>ageons volont<u>iers</u>!

6. On va s<u>ou</u>haiter son anniversaire ai<u>lle</u>urs.

8-13 Discrimination. Underline the word or expression you hear.

1. C'est lui. / C'est Louis.

2. une cousine / une cuisine

3. des pois / des poires

4. une vieille / une voile

5. oui / huit

6. il vient / il vend

7. une noix / une nuit

8. froid / fruit

9. cueillir / cuillère

10. cour / cuire

11. des frites / des fruits

12. boit / boîte

Dossier 9 *Les années de lycée*

Contextes

9-1 Écoutez. Listen to the recorded **Contexte 1, Je me souviens...**

9-2 Répétez. Listen to **Contexte 1, Je me souviens...** again, and repeat each phrase after the speaker.

9-3 Imitez. Now replay **Contexte 1** again very low and do a voice-over, trying to match the speakers' delivery and intonation as closely as you can.

9-4 Vrai ou faux? Circle *V* or *F* to indicate whether the following statements concerning Hélène's schedule are true or false.

EMPLOI DU TEMPS HEBDOMADAIRE

Heures \ Jours	LUNDI	MARDI	MERCREDI	JEUDI	VENDREDI	SAMEDI
8 h	maths	maths	maths	histoire-géo		philo
9 h	maths	maths	histoire-géo	philo	philo	
10 h	philo	histoire-géo	maths			
11 h		maths		biologie	maths	maths
12 h	physique		philo			
13 h	anglais	physique		EPS*	biologie	
14 h	histoire-géo	physique		EPS*		
15 h	biologie	allemand		anglais		
16 h	allemand	allemand		histoire-géo	maths	
17 h	latin					

1.   V   F   4.   V   F

2.   V   F   5.   V   F

3.   V   F   6.   V   F

9-5 Logique ou illogique? Circle *L* or *I* to indicate whether the statement you see logically follows the one you hear.

1.   L   I   Ma moyenne a remonté.

2.   L   I   Oui, il y a des matières obligatoires.

3.   L   I   Oui, seuls les bacheliers sont admis à l'université.

4.   L   I   Tu as des résultats brillants.

5.   L   I   Alors, vous attendez le bulletin avec terreur.

6. L   I   Il avait une question à poser.

7. L   I   Ils préfèrent savoir à l'avance qu'il y a une interro.

8. L   I   Ça tombe bien, il y a aussi deux examens!

Outils

Outil 1. Les verbes **connaître**, **savoir** et **suivre**

9-6 Singulier ou pluriel? Circle *S* or *P* to indicate whether the third-person verb forms you hear are singular or plural.

1.	S	P	3.	S	P	5.	S	P
2.	S	P	4.	S	P	6.	S	P

9-7 Logique ou illogique? Circle *L* or *I* to indicate whether the second sentence you hear logically follows the first.

1.	L	I	3.	L	I	5.	L	I
2.	L	I	4.	L	I	6.	L	I

Outil 2. Les pronoms compléments d'objet direct

9-8 De qui/quoi s'agit-il? Circle *a* or *b* to indicate whom or what the direct object pronoun you hear could be referring to. (Both answers may be correct.)

1. a. ce professeur
    b. cette matière

2. a. Robert
    b. la géographie

3. a. les sujets d'examens
    b. les copains de Julien

4. a. lui et moi
    b. lui et elle

5. a. ce cours d'anglais
    b. ces cours obligatoires

6. a. toi et ta femme
    b. moi et mon mari

7. a. la télé
    b. le match de tennis

8. a. Julie
    b. Patrick

9-9 Quel pronom? Circle *a* or *b* to indicate which sentence could logically follow the statement you hear.

1. a. On le suit.

   b. On la suit.

2. a. Je ne sais pas la faire.

   b. Je ne sais pas les faire.

3. a. On la connaît bien.

   b. On le connaît bien.

4. a. Je pourrais t'aider?

   b. Tu pourrais m'aider?

5. a. On l'attend.

   b. Il nous attend.

6. a. On la déteste.

   b. On les déteste.

Outil 3. La narration au passé: l'imparfait vs. le passé composé

9-10 On raconte le passé. Complete the sentences with the verb you hear.

1. On _____ toujours une interro le vendredi.

2. Au lycée les profs ne nous _____ pas toutes les réponses.

3. Hier Nathalie _____ Éric avec ses devoirs.

4. _____-vous _____ votre mémoire hier?

5. Comme d'habitude, il ne _____ pas de place!

6. Nous _____ trouver notre salle d'examen.

7. Vous vous _____ fatigués.

8. Nous nous _____ au café samedi soir.

9-11 Cause et effet. Mark whether the following things probably happened or not, given the circumstances.

	SANS DOUTE	PROBABLEMENT PAS
1. Beaucoup d'étudiants l'ont raté.	_____	_____
2. Je n'ai pas pris de petit déjeuner.	_____	_____
3. J'ai passé la journée à la bibliothèque.	_____	_____
4. Ils ont gagné le match.	_____	_____
5. J'étais de très mauvaise humeur.	_____	_____
6. Sa famille était très contente.	_____	_____

Outil 4. **Depuis, pendant** et **il y a**

9-12 Logique! Circle *a* or *b* to indicate the appropriate answer to the question you hear.

1. a. Depuis deux ans.

    b. Il y a deux ans.

2. a. Il y a 20 ans.

    b. Depuis 20 ans.

3. a. Depuis mon enfance.

    b. Tous les jours, pendant deux heures.

4. a. Pendant des siècles.

    b. Il y a des siècles.

5. a. Oui, depuis un mois.

    b. Oui, pendant un mois.

6. a. Il y a 18 ans.

    b. Depuis 18 ans.

Phonétique: Les consonnes [p], [t], [k]

9-13 Prononciation. Repeat the following sentences, paying close attention to the underlined consonants.

1. Patrick prépare Paul pour l'examen.

2. Nos parents ne sont pas présents.

3. C'est pour parler de Paris.

4. Papa part mais ne prend pas de passager.

5. Toute ta classe t'attend.

6. Ton talent est troublant.

7. Thomas, ne rate pas ton tour.

8. Camille et Carl campent dans la cour.

9. Marc joue à cache-cache *(plays hide-and-seek)* avec Coline.

9-14 Discrimination. Listen and underline the word from each pair that you hear.

1. vite / vide

2. la tête / la quête

3. cou / tout

4. dit / qui

5. tout / doux

6. tort / dort

Compréhension auditive

Dossier 10 *À la fac!*

Contextes

10-1 Écoutez. Listen to the recorded **Contexte 3, Soucis d'étudiants**.

10-2 Répétez. Listen to **Contexte 3, Soucis d'étudiants** again, and repeat each phrase after the speaker.

10-3 Imitez. Now replay **Contexte 3** again very low and do a voice-over, trying to match the speakers' delivery and intonation as closely as you can.

10-4 Logique ou illogique? Circle *L* or *I* to indicate whether the statement you see logically follows the one you hear.

1. L I On écoute le prof et on prend des notes.

2. L I Alors, inscrivez-vous à la Fac de sciences.

3. L I Ils ont besoin de se détendre.

4. L I Il apprend à programmer.

5. L I Elle a un mémoire à rédiger.

6. L I J'ai eu la note 8 sur 20.

Outils

Outil 1. Les verbes **dire**, **lire** et **écrire**

10-5 Singulier ou pluriel? Circle *S* or *P* to indicate whether the following third-person verb forms are singular or plural.

1. S P   3. S P   5. S P

2. S P   4. S P   6. S P

10-6 Quel verbe? Complete each sentence with the verb you hear.

1. Tu _____ des bêtises.

2. _____ d'abord les articles du professeur!

3. Julie _____ un poème.

4. _____ à Michel de nous retrouver au café.

5. Louise _____ dans la Fac de droit.

6. Je _____ le journal tous les jours.

Outil 2. Les pronoms compléments d'objet indirect

10-7 De qui/quoi s'agit-il? Circle *a* or *b* to indicate to whom the indirect-object pronoun you hear could be referring. (Both choices may be correct.)

1. a. Josette

   b. Mathieu

2. a. à tes parents

   b. à ton frère

3. a. à Robert et moi

   b. à Robert et Isabelle

4. a. à vous, Madame

   b. à vous deux

5. a. à mon copain Jules

   b. à mes amis du groupe

6. a. à notre classe

   b. à votre classe

10-8 Quel pronom? Circle *a* or *b* to indicate which sentence(s) could logically follow the one you hear. (Both choices may be correct.)

1. a. Bonne idée! Je vais leur demander des renseignements.

   b. Bonne idée! Je vais lui demander des renseignements.

2. a. D'accord, on lui pose la question.

   b. D'accord, il nous pose la question.

3. a. D'accord, il me prête sa voiture.

   b. D'accord, je te prête ma voiture.

4. a. Oui, apportez-moi votre mémoire.

   b. Oui, apportez-nous votre mémoire.

5. a. D'accord, je vous passe mes notes.

   b. D'accord, je te passe mes notes.

6. a. Oui, il m'a indiqué la date.

   b. Oui, il nous a indiqué la date.

Outil 3. Les pronoms **y** et **en**

10-9 De quoi s'agit-il? Circle *a* or *b* to indicate to whom or to what the pronoun **y** or **en** could be referring.

1. a. au téléphone

    b. au professeur

2. a. un examen

    b. des amis

3. a. cette voiture

    b. de nouveaux livres

4. a. en Europe

    b. d'Europe

5. a. du cinéma

    b. cet amphitéâtre

6. a. de la politique internationale

    b. à la politique internationale

10-10 Logique ou illogique? Circle *L* or *I* to indicate whether the statement you see logically follows the question or statement you hear.

1. L   I   Oui, j'en ai trois la semaine prochaine.

2. L   I   Oui, j'y vais ce week-end.

3. L   I   Oui, il peut y aller.

4. L   I   Oui, on en a trouvé au café.

5. L   I   Oui, allons-y ensemble.

6. L   I   Oui, j'en suis trop!

Outil 4. Le conditionnel

10-11 Conditionnel ou imparfait? Mark whether the conjugated verb you hear is in the conditional or the imperfect.

	CONDITIONNEL	IMPARFAIT		CONDITIONNEL	IMPARFAIT
1.	_____	_____	4.	_____	_____
2.	_____	_____	5.	_____	_____
3.	_____	_____	6.	_____	_____

10-12 Politesse ou possibilité? Mark whether the speaker is using the conditional to make suggestions or simply to be polite.

	POLITESSE	POSSIBILITÉ			POLITESSE	POSSIBILITÉ
1.	_____	_____	4.		_____	_____
2.	_____	_____	5.		_____	_____
3.	_____	_____				

Phonétique: La consonne [r]

10-13 Prononciation. Repeat the following sentences, paying particular attention to the consonant sound [r].

1. Il prend le métro, mais c'est rare.

2. Paul part pour Paris dans trois jours.

3. Tu pourrais prendre le train, c'est sûr.

4. Marion sera sûrement très rapide.

5. Pourriez-vous tourner à droite?

6. C'est dramatique, horrible et terrible.

10-14 Discrimination

A. Repeat each pair after the speaker.

1. agent / argent

2. toi / trois

3. père / pelle

4. entrez / rentrez

5. l'air / l'aile

6. fort / folle

B. Now listen again, and mark which word of each pair you hear.

1. agent / argent

2. entrez / rentrez

3. fort / folle

4. l'air / l'aile

5. père / pelle

6. toi / trois

Compréhension auditive

Dossier 11 *Les nombreuses décisions de la vie active*

Contextes

11-1 Écoutez. Listen to the recorded **Contexte 4, Quelle garde-robe pour un entretien professionnel?**

11-2 Répétez. Listen to **Contexte 4, Quelle garde-robe pour un entretien professionnel?**, and repeat each phrase after the speaker.

11-3 Imitez. Now replay **Contexte 4** again very low and do a voice-over, trying to match the speakers' delivery and intonation as closely as you can.

11-4 Vrai ou faux? Circle *V* or *F* to indicate whether the statements you hear regarding the context of a professional interview are true or false.

1.	V	F	3.	V	F	5.	V	F
2.	V	F	4.	V	F	6.	V	F

11-5 Avantage ou inconvénient? Mark whether the job characteristics you hear would be considered an advantage or a disadvantage for the person described below.

		AVANTAGE	INCONVÉNIENT
1.	Pour une personne timide	_____	_____
2.	Pour une personne ambitieuse	_____	_____
3.	Pour une personne indépendante	_____	_____
4.	Pour un père/une mère de famille	_____	_____
5.	Pour une personne casanière *(homebody)*	_____	_____

Outils

Outil 1. Les pronoms interrogatifs

11-6 Logique ou illogique? Indicate whether the answer you see is a logical one for the question you hear.

1.	L	I	La comptabilité.
2.	L	I	Un tailleur assez classique.
3.	L	I	À son patron.
4.	L	I	De son expérience passée.
5.	L	I	Un coup de téléphone.
6.	L	I	À son ami Paul.

11-7 À propos. Circle *a* or *b* to indicate a logical question to ask in each situation you hear. (Both choices may be appropriate.)

1. a. À qui pensait-il?

   b. À quoi pensait-il?

2. a. Qui a téléphoné hier?

   b. Qu'est-ce qu'il faut faire?

3. a. Super! Qu'est-ce que tu vas mettre?

   b. Avec qui vas-tu sortir?

4. a. Bonne idée! Qui est-ce qu'on invite?

   b. Bonne idée! Qu'est-ce qu'on va leur servir?

5. a. Qu'est-ce qui t'intéresse?

   b. De qui parles-tu?

6. a. Qu'est-ce qui s'est passé?

   b. Qui lui a parlé?

Outil 2. Le pronom interrogatif **lequel**

11-8 Masculin, féminin ou pluriel? Mark which form of **lequel** you hear.

	LEQUEL	LAQUELLE	LESQUELS/LESQUELLES
1.	____	____	____
2.	____	____	____
3.	____	____	____
4.	____	____	____
5.	____	____	____
6.	____	____	____

11-9 Lequel? Circle *a* or *b* to indicate the most appropriate question to ask in each situation. (Hint: Pay close attention to the form of the question word that you will be choosing.)

1. a. Laquelle a-t-il achetée?

   b. Lequel a-t-il acheté?

2. a. Lesquels va-t-on interviewer?

   b. Laquelle va-t-on interviewer?

3. a. Laquelle va tu accepter?

   a. Lesquelles va tu accepter?

4. a. Lequel avait le plus gros salaire?

   b. Laquelle avait le plus gros salaire?

5. a. Lequel connais-tu?

   b. Laquelle connais-tu?

6. a. Lesquelles savent parler une autre langue?

   b. Lequels savent parler une autre langue?

Outil 3. Les verbes **croire** et **voir**

11-10 Quel temps ou mode? Mark whether the form of **croire** or **voir** you hear is in the present or imperfect tense or in the imperative mood.

	PRÉSENT	IMPARFAIT	IMPÉRATIF
1.	_____	_____	_____
2.	_____	_____	_____
3.	_____	_____	_____
4.	_____	_____	_____
5.	_____	_____	_____
6.	_____	_____	_____
7.	_____	_____	_____
8.	_____	_____	_____

Outil 4. Le présent du subjonctif: verbes réguliers; expressions impersonnelles

11-11 Contraintes. Complete each sentence with the verb you hear.

1. Il vaut mieux que je _____ mon travail avant de partir.

2. Il est essentiel que vous _____ pour prendre rendez-vous.

3. Il faut qu'on _____ la voiture de fonction.

4. Il est important que vous _____ visite au patron de l'entreprise.

5. Il ne faut pas que nous _____ des choses stupides.

6. Il faut que tu _____ bien ton employeur.

11-12 Ça fait écho! Complete each sentence with the infinitive of the subjunctive verb you hear.

1. Il vaut mieux _____ un peu avant de répondre.

2. Il faut _____ les règlements *(regulations)*.

3. Il est préférable de _____ du travail assez vite.

4. Jacqueline, il ne faut pas _____ trop tard!

5. Il vaut mieux _____ un peu l'entreprise.

6. Il est essentiel de _____ très tôt.

Phonétique: La détente

11-13 Prononciation

A. Listen, compare, then repeat, taking particular care to "release" the final consonant of the French words.

ENGLISH	FRENCH
1. immortal	immorte<u>ll</u>e
2. film	fil<u>m</u>
3. Philip	Phili<u>pp</u>e
4. Madam	Mada<u>m</u>e
5. pat	pa<u>tt</u>e
6. debt	de<u>tt</u>e
7. excellent	excelle<u>nt</u>e

8. Brazilian   Brésilie<u>nn</u>e

9. candidate   candida<u>te</u>

10. rapid   rapi<u>de</u>

11. naive   naï<u>ve</u>

12. Frances   Françoi<u>se</u>

B. Repeat the following phrases.

1. une personne compéten<u>te</u>

2. une femme sporti<u>ve</u>

3. des vacances fabuleu<u>s</u>es

4. une étudiante américai<u>ne</u>

5. Il est journalis<u>te</u>.

6. Ce tailleur est très chi<u>c</u>.

7. J'ai une entrevue professionne<u>ll</u>e.

8. Il faut des diplô<u>m</u>es.

Dossier 12 *Loisirs et vacances*

Contextes

12-1 Écoutez. Listen to the recorded **Contexte 1, Loisirs et personnalité**.

12-2 Répétez. Listen to **Contexte 1, Loisirs et personnalité**, and repeat each phrase after the speaker.

12-3 Imitez. Now replay **Contexte 1** again very low and do a voice-over, trying to match the speaker's delivery and intonation as closely as you can.

12-4 Le rêve ou l'horreur? Mark whether each advertisement you hear is describing a perfect vacation for the following people (**le rêve**) or a disastrous one (**l'horreur**).

	LE RÊVE	L'HORREUR
1. les pantouflards	_____	_____
2. les aventuriers	_____	_____
3. les cultivés	_____	_____
4. les musclés	_____	_____
5. les non-conformistes	_____	_____

12-5 Logique ou illogique? Circle *L* or *I* to indicate whether the second sentence in each exchange you hear logically follows the first.

1.	L	I	3.	L	I	5.	L	I
2.	L	I	4.	L	I	6.	L	I

Outils

Outil 1. Les pronoms relatifs **qui** et **que**

12-6 Personne ou chose? Mark whether the relative pronoun in each sentence you hear is referring to a person (**personne**) or a thing (**chose**).

	PERSONNE	CHOSE		PERSONNE	CHOSE
1.	_____	_____	4.	_____	_____
2.	_____	_____	5.	_____	_____
3.	_____	_____	6.	_____	_____

12-7 Sans doute! Circle *a* or *b* to indicate which circumstance most logically explains each remark.

1. a. C'est une personne qui fait partie des musclés.

    b. C'est une personne qui fait partie des pantouflards.

2. a. Les voyages qu'il préfère sont dans son fauteuil.

    b. Les voyages qu'il préfère sont exotiques et un peu dangereux.

3. a. Nous préférons les films qui sont en version originale.

    b. Les matchs de foot sont notre loisir favori.

4. a. C'est une personne que je contacte très souvent.

    b. C'est une personne qui n'a pas beaucoup d'importance dans ma vie.

5. a. En effet, le sport est le loisir que vous préférez.

    b. En effet, vous avez une passion pour la musique classique.

6. a. C'est un sportif qui réussit dans la haute compétition.

    b. C'est un sportif qui n'a pas beaucoup de chance.

Outil 2. Les noms géographiques et les prépositions

12-8 Où ça? Complete each sentence with the article(s) or preposition(s) you hear.

1. Cette famille a vécu cinq ans _____ Japon.

2. On va aller _____ Italie et _____ Belgique.

3. André vient _____ Chili.

4. Les États-Unis importent de la bière _____ Mexique et des chocolats _____ Suisse.

5. _____ Tunisie et _____ Maroc sont des pays francophones.

6. Un jour je voudrais aller _____ Australie ou _____ Nouvelle-Zélande.

7. C'est votre première visite _____ États-Unis?

8. On parle français _____ Canada, _____ Québec.

12-9 Voyages. Circle *V* (**vrai**) or *F* (**faux**) to indicate whether the statement you see regarding Véronique's travels is accurate.

1.   V   F   Elle a visité le Louvre.

2.   V   F   Elle a vu le Kilimandjaro.

3.   V   F   Elle a pris une photo de la tour de Pise.

4.   V   F   Elle a fait du ski dans les Alpes.

5.   V   F   Elle a admiré Big Ben.

6.   V   F   Elle a vu des pyramides.

Outil 3. Le subjonctif d'**être** et **avoir**; l'emploi du subjonctif après les expressions de volonté, doute et émotion

12-10 Le subjonctif avec les expressions de volonté, doute et émotion. Listen to the speaker, and complete the sentences with the subjunctive expression you hear and the correct form of **être** or **avoir**.

1. L'auberge _____ des réservations.

2. _____ en retard pour prendre nos billets.

3. _____ un passeport.

4. _____ chez la concierge.

5. _____ le plein!

6. _____ une valise de plus.

12-11 Question de volonté. Mark whether or not these people's wishes or preferences match those of the people around them, which you will hear about.

	ACCORD	CONFLIT
1. Moi, je veux finir mes études.	_____	_____
2. Toi, tu n'as pas envie de sortir avec eux ce soir.	_____	_____
3. Les clients acceptent de s'inscrire à l'avance.	_____	_____
4. Vous préférez rester à l'université ce week-end.	_____	_____
5. Moi, je ne veux pas m'arrêter de travailler.	_____	_____
6. Moi, j'aime mieux voyager la nuit.	_____	_____

Outil 4. Le subjonctif des verbes irréguliers

12-12 Quel verbe? Complete each sentence with the verb you hear.

1. Il vaut mieux qu'on _____ parler d'autres langues.

2. Mon médecin veut que je _____ le temps de me détendre.

3. Je suis surprise que Jacques ne _____ pas sortir avec nous.

4. Il est essentiel que nous _____ réserver des places.

5. Je voudrais qu'on _____ sortir plus souvent.

6. Il faut que j'y _____!

12-13 Logique ou illogique? Circle *L* or *I* to indicate whether or not people's reaction seem to be logical.

1.   L   I   3.   L   I   5.   L   I

2.   L   I   4.   L   I   6.   L   I

Phonétique: La voyelle [ə]; le **e** muet

12-14 Prononciation. Repeat each phrase after the speaker, paying particular attention to the pronunciation of the mute *e*.

1. Venez mercrẹdi ou vendrẹdi.

2. Probablẹment, c'est pour lẹ voyage.

3. Il part avec lẹ train.

4. Onze pẹtites excursions, et on arrête lẹ voyage.

5. Leur gouvernement donne dẹ l'argent pour cẹ voyage.

6. Ça oui, il mẹ connaît.

12-15 Discrimination. As you listen to each sentence, cross out the mute *e*'s which are not pronounced.

1. La petite fille a pris le trousseau de clés.

2. Je vous dis à samedi, Mademoiselle.

3. Avant de partir, prend le dernier gateâu.

4. Notre passeport est resté dans le bureau.

5. Je voudrais de l'argent pour la colonie de vacances.

Dossier 13 *La qualité de vie*

Contextes

13-1 Écoutez. Listen to the recorded **Contexte 2, Chez le médecin**.

13-2 Répétez. Listen to **Contexte 2, Chez le médecin**, and repeat each phrase after the speaker.

13-3 Imitez. Now replay **Contexte 2** again very low and do a voice-over, trying to match the speakers' delivery and intonation as closely as you can.

13-4 Logique ou illogique? Circle *L* or *I* to indicate whether the second sentence in each exchange logically follows the first.

1.   L   I   3.   L   I   5.   L   I

2.   L   I   4.   L   I   6.   L   I

13-5 Problèmes et solutions. Mark whether or not the solution you hear is appropriate to the problem you see listed.

	À PROPOS	MAL À PROPOS
1. l'augmentation rapide de la population	_____	_____
2. le manque de logements bon marché	_____	_____
3. le chômage	_____	_____
4. la violence dans la société	_____	_____
5. les pollueurs	_____	_____

Outils

Outil 1. Les adverbes: le comparatif et le superlatif de l'adverbe

13-6 Dictée partielle. Complete each sentence with the adverb you hear.

1.   Cécile a répondu très _____.

2.   Elle parle _____ cinq langues.

3.   C'est une soirée formelle; il faut s'habiller _____.

4.   Je regrette, mais c'est _____ impossible.

5.   Il dit _____ des bêtises.

6.   Chantal a _____ réfléchi à cette question-là.

13-7 **Vrai ou faux?** Circle *V* or *F* to indicate whether the statement you hear is accurate.

1. V   F   Marc joue au tennis trois fois par semaine; Anne tous les jours.

2. V   F   Toi, tu fais du sport deux ou trois fois par semaine; moi, deux ou trois fois

par mois.

3. V   F   Alain gagne presque toujours ses matchs; André quelquefois.

4. V   F   Robert a mis 30 minutes à trouver la solution; Jacques 15 minutes.

5. V   F   Thérèse a eu la note 13/20 à l'examen; François, 10/20.

6. V   F   Vous, vous allez très bien; votre mari souffre de migraines chroniques.

Outil 2. Les pronoms indéfinis

13-8 Singulier ou pluriel? Circle *S* or *P* to indicate whether the indefinite pronoun you hear is referring to one person or thing or more than one.

| 1. | S | P | 3. | S | P | 5. | S | P |
| 2. | S | P | 4. | S | P | 6. | S | P |

13-9 De qui ou de quoi s'agit-il? Mark whether the indefinite pronouns you hear are referring to persons or things.

	PERSONNES	CHOSES			PERSONNES	CHOSES
1.	_____	_____		4.	_____	_____
2.	_____	_____		5.	_____	_____
3.	_____	_____		6.	_____	_____

Outil 3. Le subjonctif après les conjonctions **avant que**, **sans que**, **pour que**, **à condition que**, **jusqu'à ce que**

13-10 Dictée partielle. Complete each sentence with the conjunction you hear.

1. Ne partez pas _____ nous discutions de votre santé.

2. Tous doivent faire un effort _____ notre qualité de vie soit conservée.

3. Il faut préserver l'environnement _____ une catastrophe ait lieu.

4. Le futur sera brillant _____ nous agissions de façon responsable.

5. Les recherches médicales doivent continuer _____ on obtienne des résultats.

Outil 4. Le futur

13-11 À l'avenir. Complete each sentence with the form of the verb you hear.

1.   Elle _____ son diplôme en 2006.

2.   Ils se _____ dans un an.

3.   Dans cinq ans, je _____ président de la compagnie.

4.   Où est-ce que tu _____ tes études?

5.   Quand est-ce que nous _____ les résultats?

6.   Tu _____ —c'est facile!

13-12 Evidemment! Circle *L* (**logique**) or *I* (**illogique**) to indicate whether or not the outcome presented in each sentence you hear seems to be a logical one.

1.   L   I   3.   L   I   5.   L   I

2.   L   I   4.   L   I   6.   L   I

Phonétique: Intonation (reprise)

13-13 Prononciation. Repeat each statement after the speaker, paying close attention to the rhythm of the sentence.

1.   Entrez!

     Entrez et asseyez-vous!

2.   Le prof veut que nous réussissions.

     Le prof veut que nous réussissions à l'examen.

     Le prof veut que nous réussissions à l'examen final.

3.   Je connais cette fille.

     Je connais la fille qui aide Martin.

     Je connais la fille qui aide Martin en maths.

4.   Tu sais?

     Tu sais conduire?

     Tu sais conduire une automobile?

5.   Est-ce que vous avez jamais visité la Chine?

     Est-ce que vous avez jamais visité la Chine ou le Japon?

Compréhension auditive   55

6. Qu'est-ce que tu veux?

   Qu'est-ce que tu veux faire?

   Qu'est-ce que tu veux faire ce week-end?

7. Lequel vous tente?

   Lequel vous tente le plus?

   Lequel vous tente le plus fortement?

Now listen a second time, and for each statement put an up arrow to indicate where the pitch rises and a down arrow where the pitch falls. Check your work by listening a last time and making any necessary corrections.

*L*ecture et expression écrite

Dossier préliminaire

Cultures en parallèles

P-1 Greetings and expressions of politeness. When you exchange greetings with another person, the words and gestures you use probably depend upon your relationship and the circumstances. List the different greetings and gestures you would use to greet a parent, another family member, an acquaintance, or a business friend. What other factors—for example, the person's age, the time of day, the place of the meeting—are relevant?

_____

_____

_____

_____

Volet 1

Contexte 1. Bonjour!

P-2 Salutations. Match the situation with the appropriate greeting. (F = formal situation, I = informal situation)

1.	C'est un homme. (F)	a.	Bonjour, Madame!
2.	C'est un jeune garçon. (I)	b.	Bonjour, Mademoiselle!
3.	C'est une amie. (I)	c.	Bonjour, Monsieur!
4.	C'est une femme. (F)	d.	Salut, Nathalie!
5.	C'est une jeune fille. (F)	e.	Bonjour, Philippe!

Contexte 2. Salut!

P-3 Moins de formalité! (_Let's be less formal!_) Rewrite the exchange below in a less formal style.

—Bonjour! _____

—Comment vous appelez-vous? _____

—Je m'appelle Alain. Et vous? _____

Contexte 3. Nos outils de travail (*Our work tools*)

P-4 Inventaire (*Inventory*). Complete the inventory of class supplies.

1. Voici le _____. Le _____ s'appelle **Parallèles**.

2. Voilà le _____. Le _____ s'appelle **Parallèles-Workbook**.

3. Voici la _____ vidéo.

4. Voilà la _____ audio.

5. Enfin, voilà le _____ du cours.

Contexte 4. Au revoir! (*Good-bye!*)

P-5 À demain! Match the situation with the appropriate way to say good-bye. (F = formal situation, I = informal situation)

1. C'est un homme. (F)   a. Salut, Philippe!

2. C'est un jeune garçon. (I)   b. Au revoir, Mademoiselle!

3. C'est une amie. (I)   c. À bientôt, Monsieur!

4. C'est une femme. (F)   d. À demain, Nathalie!

5. C'est une jeune fille. (F)   e. Au revoir, Madame!

Volet 2

Contexte 1. On se présente. (*Introductions*)

P-6 Texte à trous. Complete the exchange between an instructor and a student, selecting the appropriate words from the list.

camarades, étudiant, appelez, étudiante, m'appelle, plaît, présentez

—Bonjour, Mademoiselle!

—Bonjour, Monsieur!

—Comment vous _____-vous, Mademoiselle?

—Je _____ Amy.

—Eh bien, s'il vous _____, Amy, _____-moi vos _____.

—Lui, il s'appelle George. Il est _____. Et elle, elle s'appelle Susan.

—Elle est _____ aussi.

Contexte 2. On fait l'appel! (*Let's take attendance!*)

P-7 À tour de rôle (*Taking turns*). Indicate who might have said the following—the instructor (*I*), a student (*S*), or either one (*E*).

1. Je fais l'appel.   I   S   E

2. Absent!   I   S   E

3. Présent!   I   S   E

4. Qui est ici?   I   S   E

Contexte 3. Comment allez-vous? (*How are you*)?

P-8 Comment ça va? Indicate how things are going for the various people below. Use **ça va bien, ça va très bien,** or **ça va mal.**

1. Jill unexpectedly got an A+ on her English paper.   _____

2. John accidentally locked his keys in his car.   _____

3. Matt casually answers a friend's greeting before class.   _____

4. Your father lost his wallet.   _____

5. Your friend won a trip to Paris for two.   _____

Volet 3

Contexte 1. Dans la salle de classe

P-9 Attention aux détails! Look carefully at the pictures. Although they are similar, there are some differences. Indicate what is the same in the two illustrations and what is different.

IDENTIQUE   DIFFÉRENT

le bureau   _la porte_

_____   _____

_____   _____

_____   _____

_____   _____

Contexte 2. En scène! (*On stage!*)

P-10 Qu'est-ce qui se passe? (*What's going on?*) You overhear the following phrases as you walk by several different French classrooms. Indicate what you think was going on in each.

MODÈLE: Fermez les livres et prenez un stylo. Bon courage!
                The teacher has just handed out a test.

1. Suzanne, asseyez-vous! _____

2. Écrivez! _____

3. Vous ne comprenez pas? Mais c'est simple! Regardez la page 25. _____

    _____

4. Oui? Qui est-ce? Entrez! _____

5. Chut! Chut! Taisez-vous! _____

P-11 En français, s'il vous plaît! In a class where you must speak only French, what will you say in these situations?

1. You want the teacher to repeat something.

    _____

2. You want to know how to say "high school student" in French.

    _____

3. You want to know what the word **cahier** means.

    _____

4. You want to say that you don't understand what has been said.

    _____

5. You want to say that you understand what has been said.

    _____

Volet 4

Contexte 1. Le jour et la date

P-12 C'est quelle date? Write in French the date that each of the drawings suggests for a North American. Consult a calendar for the current year in order to include the month and the holiday or event for each of your answers. Circle the illustrations you think would suggest the same date to a French person.

MODÈLE: *le 1ᵉʳ (premier) janvier*

1. _____

2. _____

3. _____

4. _____

5. _____

6. _____

7. _____

8. _____

9. _____

10. _____

11. _____

12. _____

Lecture et expression écrite

P-13 Étymologie. Most of the days of the week in French are named for the pagan gods to whom each was dedicated. See if you can match the day of the week with the name of the appropriate Roman or Greek god (Beware: some Latin words got shortened a lot in their French forms.))

1. This is the day of the Moon goddess, Luna. _____

2. By Jove, it is Jupiter's day! _____

3. Saturnus, that is your day! _____

4. Here comes Mercure, messenger of the gods! _____

5. Mars, god of war, has his day too. _____

6. Dedicate the day to the goddess of love, Venus. _____

7. The seventh day of the week is dedicated to **Dominus**, the Christian Lord. _____

Les nombres cardinaux

P-14 Additions. Spell out the simple calculations below.

MODÈLE: 8 + 4 = 12
            huit plus quatre égal douze

1. 10 + 6 = 16 _____

2. 8 + 12 = 20 _____

3. 9 + 21 = 30 _____

4. 30 + 1 = 31 _____

5. 16 + 5 = 21 _____

6. 14 + 3 = 17 _____

Dossier 1 *Premiers contacts*

Cultures en parallèles

1-1 Everyday politeness. Rules of politeness govern routine interactions in North American and French culture. Can you list some of the rules, written and unwritten, that affect how you address and deal with others in your own daily interchanges? Can you indicate, conversely, what are commonly considered "rude behaviors"? Are there environmental factors you can name that may change perceptions of what constitutes accepted behavior?

_____

_____

_____

_____

_____

Volet 1

Contexte 1. Qui est-ce?

1-2 Je me présente. You and some classmates are organizing a panel on career options for a French class project. Prepare a script introducing the panel members. Begin by indicating how you, the panel moderator, will introduce yourself, stating your own name, where you're from, and profession.

Bonjour! Je _____

_____

_____

1-3 Présentations. Now introduce the panelists. Their business cards appear below. Note the spelling of the following French professions, all of which are unisex: **ingénieur, dentiste, journaliste, juge**.

MODÈLE: *Bonjour! Je vous présente Madame Florence Smith. Elle est d'Ottawa. Elle est architecte.*

Florence Smith
Architects Plus
2508 St. Claire Boulevard
Ottawa, Ontario, Canada
ph. 613 465 2940

1.
JEAN-PIERRE TANGUY
Professor of French
University of Nebraska
Lincoln, Nebraska

2.
Marilyn **F**oster,
Circuit Court Judge
25319 Waterfront Boulevard
Chicago, Illinois
Ph. 312 984 2651

3.
Sarah Prescott
Civil Engineer
1713 Francisco Street
San Jose, California
408 542 7640

4.
Susan Caldwell, DDS
1389 Main Street
Trenton, New Jersey
609 147 9368

5.
Mark Fletcher
The Toronto Daily Times
9800 First Street, Toronto
416 279 5372

1. _____

   _____

2. _____

   _____

3. _____

   _____

4. _____

   _____

5. _____

   _____

1-4 Des questions. Write out the questions you may ask about the panelists. Write the questions twice, once for asking about a man, and once for asking about a woman.

1. What's his/her name?

2. Where is he/she from?

3. What is his/her profession?

1. _____?

2. _____?

3. _____?

4. _____?

5. _____?

6. _____?

Outil 1. Les pronoms sujets et le verbe **être**; la négation

1-5 Petits portraits. Complete the following small "portraits" by supplying the missing subject pronouns (**je, tu, il, elle, on, nous, vous, ils**, or **elles**) and/or the appropriate forms of the verb **être**.

1. —Voilà Jean-Marie Laborde. _____ est journaliste. _____ _____ de Grenoble.

   —Jean-Marie et moi, nous _____ collègues à l'université de Grenoble. _____ _____ amis,

   aussi. Et vous? _____ _____ professeur?

   —Ah, non. Moi, _____ _____ médecin!

2. —Salut! Tu _____ étudiante?

   —Oui, je _____ étudiante en médecine. Voici mes amies, Christine et Charlotte. _____ _____

   du Canada.

1-6 Encore des portraits. Write brief descriptions of the people in the drawings. Tell who they are, what their professions are, and where they're from.

1. _____

   _____

   _____

Danielle et Mathieu Berger

Lecture et expression écrite

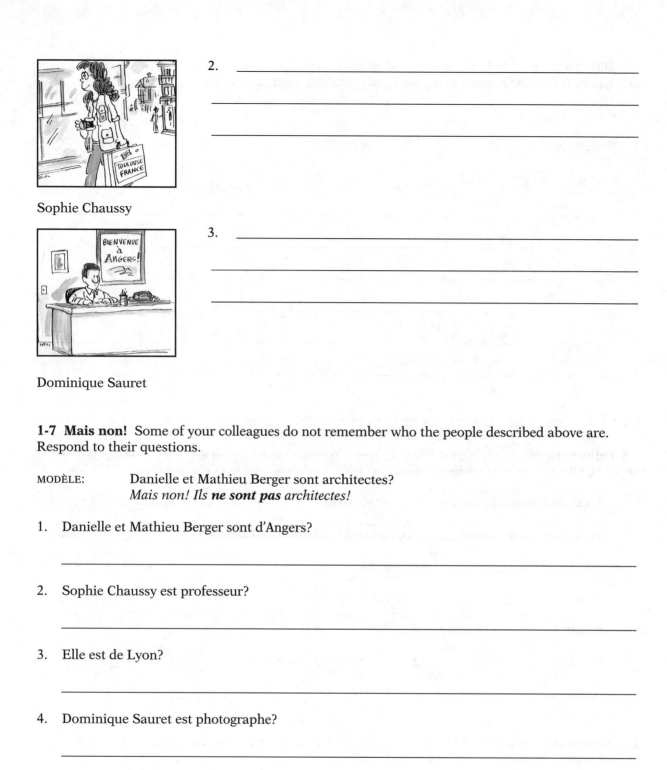

2. _____

_____

_____

Sophie Chaussy

3. _____

_____

_____

Dominique Sauret

1-7 Mais non! Some of your colleagues do not remember who the people described above are. Respond to their questions.

MODÈLE:　　　Danielle et Mathieu Berger sont architectes?
　　　　　　　*Mais non! Ils **ne sont pas** architectes!*

1. Danielle et Mathieu Berger sont d'Angers?

_____

2. Sophie Chaussy est professeur?

_____

3. Elle est de Lyon?

_____

4. Dominique Sauret est photographe?

_____

5. Il est de Toulouse?

_____

Volet 2

Contexte 2. À qui est-ce? (*To whom does it belong?*)

1-8 Texte à trous. Without looking at your textbook, fill in the missing words in the exchanges reproduced below.

—Quelle chance, _____ (1) bureau!

—Hélas non! Pas de bureau! Le bureau est propriété personnelle! Il _____ _____ (2) Cédric.

—Voilà _____ (3) affiche.

—Oh! Pas mal l'affiche! _____ (4) qui est l'affiche?

—En fait, c'est _____ (5) affiche de Noëlle.

—Et voilà _____ (6) disquettes, trois disquettes.

—Mais ce sont _____ (7) disquettes _____ (8) prof.

— Chic alors! _____ (9) ordinateur!

—À qui est _____ (10) ordinateur?

—L' ordinateur est _____ (11) la sœur de Serge.

Outil 2. Nombres, genres, articles et contractions

1-9 Singulier ou pluriel? A French school child has made an inventory of things in his classroom, but he sometimes forgot to make the nouns plural. Add an **-s** wherever necessary.

Dans la salle___ (1) de classe, il y a une porte___ (2), quatre fenêtre___ (3), vingt-cinq chaise___ (4),

une affiche___ (5), un bureau___ (6) et un tableau___ (7) avec quatre craie___ (8).

Dans mon bureau *(in my desk)* il y a cinq livre___ (9), deux cahier___ (10), un dictionnaire___ (11),

trois crayon___ (12) et un stylo___ (13).

1-10 Bienvenue dans notre classe! *(Welcome to our class!)* A new student is joining your French class. She's not sure she knows the same words you do, so you help her out.

A.   Identify some of the objects that are present in your classroom in quantity. Use **un, une,** or **des** as appropriate.

Ça, c'est _____ (1) livre. Ça, c'est _____ (2) affiche. Voici _____ (3) crayons et _____ (4) stylo. Sur

le bureau du professeur, il y a _____ (5) examens et _____ (6) exercices de grammaire et _____ (7)

dictionnaire français-anglais.

B. Now identify specific or unique objects, using **le, la**, or **les** as appropriate.

C'est ____ (1) porte de ____ (2) salle de classe. Voici M. Fougère, ____ (3) professeur de français. Voilà ____ (4) bureau et ____ (5) chaise de M. Fougère. Regarde ____ (6) tableau! Ce sont ____ (7) devoirs pour demain. Viens avec moi! *(Come with me!)* Je te présente ____ (8) autres *(other)* étudiants dans la classe.

1-11 Qu'est-ce que c'est? Identify the following objects, according to the model. Make sure each one of your sentences contains the appropriate form of the indefinite article **(un, une**, or **des)**.

MODÈLE: *C'est une chaise.*

1. _____
2. _____
3. _____
4. _____
5. _____
6. _____

1-12 Ah, ce sont les affaires de Paulette! *(Oh, these are Paulette's things!)* Re-identify the objects from Activity 1-11, indicating this time that they belong to Paulette.

MODÈLE: *C'est la chaise de Paulette.*

1. _____
2. _____
3. _____
4. _____
5. _____
6. _____

1-13 Objets trouvés (*Lost and found*). Tell the assistant at the lost-and-found desk who the owners of some of the items are. Use a correct form of the expression **être à**.

MODÈLE: l'ordinateur / le prof de maths
                    *L'ordinateur **est au** prof de maths.*

1. les crayons / le frère de Paul _____

2. le dictionnaire / l'étudiant américain _____

3. la carte / le copain de Michel _____

4. le bureau / les parents de Julie _____

5. les disquettes / l'ami de Solange _____

6. l'affiche / les copains de Marc _____

1-14 Echo. In turn, the assistant attaches notes to the items you have identified. Follow the model.

Modèle: l'ordinateur / le prof de maths

                  *C'est l'ordinateur **du** prof de maths.*

1. les crayons / le frère de Paul _____

2. le dictionnaire / l'étudiant américain _____

3. la carte / le copain de Michel _____

4. le bureau / les parents de Julie _____

5. les disquettes / l'ami de Solange _____

6. l'affiche / les copains de Marc _____

Volet 3

Contexte 3. Quel étudiant êtes-vous? (*What type of student are you?*)

1-15 Des comportements caractéristiques (*characteristic behaviors*). Re-read the **Contexte Quel étudiant êtes-vous?** and use it to list the behaviors characteristic of each type of student: **super sérieux, bien équilibré** (*well balanced*), and **bon vivant** (*happy going*).

SUPER SÉRIEUX	BIEN ÉQUILIBRÉ	BON VIVANT
Il ne danse jamais.	l étudie assez.	Il danse toujours

Outil 3. Les verbes en **-er**; adverbes communs

1-16 Activités diverses. It's the weekend and your friends are indulging in some activities and refraining from others.

MODÈLE: Julien: parler avec des amis / téléphoner à ses parents
      Julien parle avec des amis. Il ne téléphone pas à ses parents.

1. nous: regarder la télé / rencontrer des copains

_____

2. les étudiants: étudier / danser

_____

3. mes camarades: écouter la radio / travailler

_____

4. toi, tu: parler en public / écouter de la musique

_____

5. Annie: chanter avec un groupe / téléphoner à des copains

_____

1-17 Vos camarades de chambre (*Your roommates*). Describe the behaviors of your roommate and compare/contrast them with your own. Use the adverbs **toujours, souvent, quelquefois, rarement, jamais**.

MODÈLE: regarder des films à la télé
      *Il/Elle regarde **souvent** des films à la télé. Je regarde **rarement** des films à la télé.*

1. regarder la télé

_____

2. rencontrer des amis au café

_____

3. étudier

_____

4. danser

_____

5. écouter la radio

_____

6. chanter

_____

7. écouter de la musique

_____

8. téléphoner à des copains

_____

Volet 4

Contexte 4. Le nouveau *(The new student)*

1-18 Texte à trous. Without looking at your textbook, try to fill in the blanks in the text below.

Marc: Mais si tu _____ (1) de Marseille, qu'est-ce que tu fais ici?

Aline: Eh bien, je _____ (2) étudiante en mécanique à l'université.

Marc: Oh! Une future _____ (3)! Moi, je suis _____ (4).

Aline: Et _____ (5) tu aimes ton boulot?

Marc: Oui, mais je travaille beaucoup trop! Au fait, tu es _____ (6) samedi? Il y a un

super concert!

Aline: _____ (7) tu m'invites?

Marc   Mais oui! Tu _____ (8) la musique?

Aline: J'adore la musique!

Outil 4. Questions avec changement d'intonation: **est-ce que**... ?, **n'est-ce pas**?

1-19 Une conversation téléphonique. A French friend is having a telephone conversation with someone she doesn't know very well. You overhear her answers to some questions and guess what the questions were. Use **est-ce que** for yes/no questions and the question word **comment** for information questions.

MODÈLE: —*Est-ce que vous êtes de Paris?*
                    —Non, je ne suis pas de Paris. Je suis de Strasbourg.

1. _____?

    —Oh, je vais très bien, merci.

2. _____?

    —Oui, elle est journaliste.

3. _____?

    —Elle s'appelle Claudine Denis.

4. _____?

    —Elle est de Brest.

5. _____?

    —Non, c'est aujourd'hui jeudi.

6. _____?

    —On est le vingt septembre.

7. _____?

    —Non, je ne suis pas libre (*free*) demain!

Découvertes

The **Découvertes** (*Discoveries*) section of each dossier of *Parallèles* allows you to make further "discoveries" about the language and cultures of French-speaking peoples and offers you additional opportunities to use the French you're learning. In the **Découvertes** sections, you'll sometimes come across words or phrases you haven't learned formally yet, but you'll find that you're able to complete the tasks you're asked to perform. Even after only a few days of French class, you'll be able to extract important information from texts written in French. This should give you confidence in your ability to function in French, even before you've learned it perfectly.

Lecture

1-20 Les salutations au Sénégal. Mamadou Bâ, a college student from Senegal, has written a short guide for French-speaking friends who are about to visit Senegal. In this passage, he describes the ways in which Senegalese people greet one another. Can you anticipate some topics he may discuss? For example, since he is addressing people used to shaking hands or kissing on both cheeks, do you think he may tell about these forms of greetings, among others?

> Les salutations traditionnelles au Sénégal (et en Afrique en général) ressemblent à des conversations assez générales. Ceci concerne plutôt les adultes (40 ans et plus). Chez les enfants, les adolescents et les étudiants, les salutations sont moins longues, comme les salutations européennes ou occidentales.
>
> En général, quand on salue quelqu'un, on lui serre la main—ou les *deux* mains—même si on le rencontre plusieurs fois dans la journée. On salue une femme, mais on ne lui serre pas la main. Quand une femme salue un homme, elle ne lui serre pas la main, mais elle fait une sorte de génuflexion, à la fois salutation et signe de respect. On ne pratique pas la bise comme en France.

Avez-vous compris? Circle *V* for **vrai** (*true*) or *F* for **faux** (*false*) to show that you've understood the reading. Underline and number the sections in the reading that support your answers.

1. V F Young people are clinging fiercely to the traditional greetings of their elders.

2. V F In Senegal, traditional greetings for men and women are different.

3 V F European culture has not influenced the way people greet each other in Senegal.

4. V F A traditional greeting in Senegal can take as long as an entire conversation in France or North America.

5. V F In Senegal, men and women don't shake hands. Instead, the woman makes a sort of curtsy to the man.

À vos stylos

1-21 Une fête. You're going to a party, where you'll be meeting many French people for the first time. Follow the steps outlined in **À vos stylos** to write out a list of questions you could ask people in order to get a conversation started and learn more about them.

1. _____?

2. _____?

3. _____?

4. _____?

5. _____?

Dossier 2 *On rejoint la communauté francophone*

Cultures en parallèles

2-1 Defining our cultural identity. Group under each heading the elements that go together.

l'art, le climat, la cuisine, l'habitation, l'histoire, la langue, la mode, la religion, la superficie, les symboles, les traditions, les valeurs communes

GEOGRAPHY	DAILY LIFE	HISTORY	VALUES
_____	_____	_____	_____
_____	_____	_____	_____
_____	_____	_____	_____
_____			

Volet 1

Contexte 1. Voix francophones

2-2 Cher/Chère correspondant(e). You're working for an organization that finds pen pals for people worldwide. Read each letter below and fill in the relevant information on the forms provided, so that the letter writers can be matched with suitable pen pals. There may be some things you don't know how to say, but you should be able to write something in each blank on the forms.

Bonjour! Je m'appelle Aïssatou Fall, et je suis sénégalaise. J'habite à Dakar. Je suis professeur d'anglais dans un lycée. J'adore mon travail, mais j'aime aussi la musique: je chante, je danse et je joue du piano. Si possible, je désire trouver une correspondante américaine ou canadienne, elle aussi professeur dans une école secondaire.

Cher correspondant,

J'ai 13 ans et je suis de Namur en Belgique. Mon père et ma mère travaillent tous les deux dans un supermarché. Je suis d'une famille nombreuse: en effet j'ai cinq soeurs, mais je n'ai pas de frère. Donc, je voudrais correspondre avec un garçon. Sa nationalité n'est pas très importante mais je désire trouver un copain qui aime les sports. Moi, j'adore le football et le tennis.

À bientôt, j'espère!

Benoît Lagny

1. The cards below should be filled out in English, so they can be handled by the North American office.

```
┌─────────────────────────────────────┐
│ Last name . . . . . . . . . . . . .  │
│                                      │
│ First name . . . . . . . . . . . . . │
│                                      │
│ Nationality . . . . . . . . . . . .  │
│                                      │
│ Age . . . . . . . . . . . . . . . .  │
│                                      │
│ Profession . . . . . . . . . . . . . │
│                                      │
│ Hobbies, interests . . . . . . . . . │
│                                      │
│ Other details . . . . . . . . . . .  │
│                                      │
│ Type of pen pal                      │
│ preferred . . . . . . . . . . . . .  │
└─────────────────────────────────────┘
```

```
┌─────────────────────────────────────┐
│ Last name . . . . . . . . . . . . .  │
│                                      │
│ First name . . . . . . . . . . . . . │
│                                      │
│ Nationality . . . . . . . . . . . .  │
│                                      │
│ Age . . . . . . . . . . . . . . . .  │
│                                      │
│ Profession . . . . . . . . . . . . . │
│                                      │
│ Hobbies, interests . . . . . . . . . │
│                                      │
│ Other details . . . . . . . . . . .  │
│                                      │
│ Type of pen pal                      │
│ preferred . . . . . . . . . . . . .  │
└─────────────────────────────────────┘
```

2. Read the applications below and fill out the cards in French so they can be processed by the Francophone section of the organization.

> *Dear International Friends,*
>
> *I've just graduated from college, and I'm working as a secretary in Cleveland, the city where I was born. I studied French in college, and I'm African-American, so I'd like to write to a woman about my own age who's from an African country where they also speak French. I like music, both classical and rock, and I'm very concerned about ecology and the environment. I hope you can find someone for me soon, because I don't want my French to get too rusty!*
>
> *Sincerely,*
> *Sonya Marcelle Greene*

> Dear Sir or Madam,
>
> I would like your organization to find me a pen pal in Switzerland, if possible. I recently retired from my job as a newspaper reporter and would like to correspond with a retired person (male or female) in Europe. I live in Phoenix, Arizona, and I'm interested in photography, film, and travel. Thank you very much for your help. I hope to hear from you soon.
>
> Sincerely yours,
> Gerald L. Martin

Lecture et expression écrite

Nom de famille	Nom de famille . . . .
Prénom(s)	Prénom(s) . . . .
Nationalité	Nationalité . . . .
Âge	Âge . . . .
Profession	Profession . . . .
Intérêts ou passe-temps	Intérêts ou passe-temps . . . .
Autres détails	Autres détails . . . .
Correspondant(e) recherché(e)	Correspondant(e) recherché(e) . . . .

2-3 Arbre généalogique. Use the following vocabulary to indicate the various family relationships of the people you met in the **Contexte**.

famille, femme, frère, mari, mère, père, sœur

MODÈLE: *Kaïs est le mari* d'Aïcha.

1.   Le _____ de Mme Tremblay est retraité.

2.   La _____ de Paul Tremblay habite à Joliette.

3.   Yasmina est la _____ de Saïd et Saïd est le _____ de Yasmina.

4.   Les parents de Ginette sont Suisses. Toute la famille est bilingue. Son (*her*) _____ parle

allemand et français et sa (*her*) _____ aussi.

5.   Et vous? Avez-vous une famille nombreuse? Indiquez si vous avez des frères et des sœurs. Comment s'appellent-ils?

_____

_____

_____

Outil 1. Verbes réguliers en **-er** avec des changements orthographiques

2-4 Les Misérables. Complete the following story about the music group **Les Misérables**, using the correct forms of the specified verbs.

Nous sommes musiciens. Notre groupe (s'appeler) _____ (1) «Les Misérables». Nous (voyager) _____ (2) assez souvent. Nous n' (amener) _____ (3) pas nos familles avec nous, mais Sylvain (amener) _____ (4) son frère Antoine, notre manager. Bien sûr on (espérer) _____ (5) un succès international, mais nous (commencer) _____ (6) juste à trouver du succès dans la région. On (essayer) _____ (7) d'être présent à la radio locale, mais c'est difficile!

2-5 Mécanos en herbe (*Budding mechanics*). You are a reporter for a local newspaper. Rewrite in the third person the narrative below about a new business venture.

Mes copains et moi, nous adorons la mécanique. Nous essayons de réparer des vélos, mais nous espérons un jour réparer aussi des motos. Nous commençons à avoir beaucoup de clients.

Ces (*these*) copains _____ (1) la mécanique. Ils _____ (2) de réparer des vélos, mais ils

_____ (3) un jour réparer aussi des motos. Ils _____ (4) à avoir beaucoup de clients.

2-6 Qui êtes-vous? Answer the following questions in order to supply a personality profile for finding a pen pal.

MODÈLE: Vous commencez des études de biologie?
                *Oui, **je commence** des études de biologie.*
ou: *Non, **je ne commence pas** des études de biologie.*

1. Vous préférez la musique classique ou le jazz?

_____

2. Qui amenez-vous plus souvent au cinéma? Votre sœur ou des copains?

_____

3. Vous voyagez souvent?

_____

4. Vous essayez des sports différents?

_____

5. Vous commencez le piano?

_____

6. Vous appelez souvent vos amis au téléphone?

_____

Volet 2

Contexte 2. Une famille canadienne, les Tremblay

2-7 De qui parle-t-on? Complete the answers to the following questions to supply information about the people referrred to.

MODÈLE: —Qui est une personne calme et patiente?
            —Paul Tremblay! C'est un homme *calme et patient.*

1. —Qui est impatient? —Jacques et Sophie Tremblay! Ce sont des enfants _____.

2. —Qui est un individu assez triste? —Suzanne Tremblay! C'est une personne _____.

3. —Qui est un individu jamais très gai? —C'est Suzanne Tremblay! C'est une femme souvent

   triste et jamais très _____.

4. —Qui est un individu obstiné? —Lucie Tremblay! C'est une femme un peu _____.

5. —Qui est un individu ouvert? —Jules Tremblay! C'est une personne _____.

6. —Qui est un individu petit et passionné? —Lucie Tremblay! C'est une femme

   _____ et _____.

7. —Qui est une personne réservée? —Paul Tremblay! C'est un homme _____.

8. —Qui sont des individus polis? —Les enfants Tremblay: Jacques et un garçon très

   _____ et sa sœur Sopie est une jeune fille très _____.

Outil 2. Les adjectifs réguliers: accord et place

2-8 Rien n'est évident! *(Nothing is obvious!)* You're introducing your international party guests to each other, and you realize how mobile we are in today's global society. Nobody seems to live in his or her country of origin.

MODÈLE: Klaus habite en France, *mais il n'est pas français.*

1. Rita habite en Tunisie, _____

   _____

2. Friedrich et Xenia habitent aux États-Unis, _____

   _____

3. Vous et votre famille vous habitez en Suisse, _____

   _____

4. Paul habite au Canada, _____

   _____

5. Maria habite en France, _____

_____

6. Georges et Solange habitent en Tunisie, _____

_____

2-9 Des couples mal-assortis *(Ill-matched couples)*. You're writing a comic strip about couples who are mismatched, but who manage to get along anyway. Fill in the missing adjectives in your story.

1. Martin est stupide, mais Martine est _____.

2. Martine est assez patiente, mais Martin est très _____.

3. Martin est optimiste; Martine est toujours très _____.

4. Quelquefois, Martine est désagréable, mais Martin est toujours _____.

5. Martin est loyal et Martine n'est pas _____.

2-10 Portraits professionnels. We all know that certain attributes make us suited for some professions and not very well suited for others. Write a portrait of M. and Mme Leblanc, doctors who, unfortunately, are ill-suited for their work. Use the following adjectives:

professionel, impatient, impoli, poli, malhonnête, obstiné

MODÈLE: Hervé et Simone Leblanc sont médecins.
            Mais ils ne sont pas des médecins très *professionnels*.

Hervé et Simone Leblanc sont des médecins.

Ils sont/ne sont pas _____.

Hervé est/n'est pas _____.

Simone est/n'est pas _____.

Tous les deux sont/ne sont pas _____.

Volet 3

Contexte 3. En route pour le Québec!

2-11 Projets de vacances. Get your inspiration from the **Contexte** to describe your own vacations plans. Use the following words:

projets, destination, intention, juillet, villes, envie, visiter, invitation, chance

Pour les vacances, j'ai des_____ (1): un voyage, un grand voyage! Devinez ma *(my)*

_____ (2)!

Il y a ici une brochure du bureau de tourisme de Normandie. C'est parce que j'ai l'_____ (3)

de voyager en Normandie en _____ (4) prochain. Je désire visiter les _____ (5) de

Normandie comme Caen et Deauville. J'aime beaucoup camper et donc j'ai _____ (6) de camper

en Normandie, sur les plages. Et puis je vais _____ (7) les plages du débarquement de 1945 *(the*

Allied landing).

C'est un grand voyage mais mes parents ont des amis là *(over there)*. Alors j'ai une _____ (8)

permanente là! Quelle_____ (9), n'est-ce pas?

Outil 3. Le verbe **avoir**; l'expression **il y a**

2-12 Je me présente. Jean-Pierre is writing to a new pen pal. Complete his letter with the correct
forms of the verb **avoir**.

Bonjour! Je m'appelle Jean-Pierre Boucher. J'_____ (1) dix-huit ans, et j'habite près de Trois

Rivières, au Québec. Ma famille et moi, nous _____ (2) une maison à la campagne. Nous

_____ (3) un chien, mais nous n'_____ (4) pas d'autres animaux. J'_____ (5) une sœur,

mais je n'_____ (6) pas de frères. Élisabeth, ma sœur, est mariée. Son mari s'appelle Pierre.

Pierre et Élisabeth _____ (7) deux enfants. Didier _____ (8) sept ans, et Colette _____ (9) deux

ans. Pierre et Élisabeth travaillent tous les deux; alors, ils n'_____ (10) pas beaucoup de

temps libre!

J'espère avoir une lettre de toi. Parle de ta vie *(life)*, s'il te plaît. Quel âge _____ (11)

-tu? Est-ce que tu _____ (12) des frères ou des sœurs? Où habites-tu? Toi et ta famille,

vous _____ (13) des animaux? J'_____ (14) envie de faire ta connaissance!

Écris vite *(write soon)*!

2-13 La chambre de Marion. Marion is a university student in Paris. Look at the drawing of her room, then write a short paragraph describing it. Use **il y a** to tell what's in the room, and **il n'y a pas de (d')** to tell what's not in it.

Dans la chambre de Marion, il y a _____

_____

_____

_____

_____

2-14 Ah, bon! *(Is that so!)* You're learning to keep up your end of a conversation in French by responding appropriately to comments made by others. How would you respond to each of the following comments, using one of these expressions: **avoir envie de, avoir l'intention de, avoir besoin de**? Sometimes more than one expression would be appropriate. Be sure to vary the expressions you use.

MODÈLE: —Mon père voyage en Suisse maintenant.
            —Ah, bon! Il *a l'intention/envie* de faire du ski?

1. —Nous sommes retraités et avons beaucoup de temps libre *(free time)* maintenant.

    —Ah, bon! Vous _____ de voyager?

2. —Bruno va aller en Europe.

    —Ah, bon! Il _____ d'un passeport.

3   —Nous sommes très stressés!

—Ah, bon! Vous _____ de calme.

4.   —Tu as un examen demain?

—Oui, j' _____ d'étudier, mais il y a un film très intéressant à la

télévision.

5.   —Thérèse aime les sciences?

—Oui, elle _____ d'être médecin.

6.   —Paul et Claudine ont leurs diplômes maintenant?

—Oui, ils _____ de chercher du travail.

Volet 4

Contexte 4. Au Sénégal avec Aliou Badara

2-15 Quel désordre! The questions and the answers below are all mixed up. Match the question
with its logical answer.

_____ 1.   Comment allez-vous aujourd'hui?   a.   Lemercier.

_____ 2.   Quel est votre nom de famille, Madame?   b.   Après le 1ᵉʳ septembre.

_____ 3.   Et quels sont vos prénoms?   c.   J'aime faire du sport.

_____ 4.   Vous êtes de quelle nationalité?   d.   Française.

_____ 5.   Qu'est-ce que vous faites dans la vie?   e.   Le mercredi après-midi et le week-end.

_____ 6.   Pourquoi aimez-vous votre profession?   f.   Très bien, merci. Et vous?

_____ 7.   Qu'est-ce que vous enseignez (*teach*)?   g.   25, rue Vavin, Paris 75006.

_____ 8.   Où habitez-vous?   h.   La biologie.

_____ 9.   Quels sont vos passe-temps préférés?   i.   Parce que j'aime les enfants.

_____10.   Quand faites-vous du sport?   j.   Je suis professeur.

k.   Claudine, Marie.

l.   Je suis enchantée de faire votre
connaissance.

Outil 4. Questions d'information; inversion

2-16 Encore un questionnaire *(Another poll).* Answer quickly the following questions.

MODÈLE: Combien d'étudiants êtes-vous dans le cours de français?
            23!

1. Combien est-ce qu'il y a d'étudiants dans votre université? _____

2. Combien y a-t-il d'habitants dans votre ville? _____

3. Combien de cours de français est-ce que vous avez chaque semaine (*each week*)? _____

4. Combien d'examens avez-vous dans le cours de français? _____

5. Quand avez-vous un examen? _____

6. Quand avez-vous des vacances? _____

7. Quand êtes-vous au laboratoire de langues? _____

8. Quand est-ce que vous allez au cinéma avec des copains? _____

9. Comment est-ce que vous jouez au foot? _____

10. Comment parlez-vous français? _____

11. Comment sont vos amis? _____

12. Où habitez-vous? _____

13. Où est-ce que votre famille habite? _____

14. Où dînez-vous au restaurant? _____

15. Où avez-vous l'intention d'habiter? _____

16. Pourquoi étudiez-vous le français? _____

17. Pourquoi est-ce que vous avez/n'avez pas des CD de Céline Dion? _____

18. Pourquoi avez-vous/n'avez-vous pas la télévision chez vous? _____

Lecture et expression écrite   85

2-17 Traduction instantanée. Reunite the question with its translation.

_____ 1. D'où est-elle?

_____ 2. Comment est Genève?

_____ 3. Où habite-elle aujourd'hui?

_____ 4. Pourquoi est-ce qu'elle n'habite pas Genève?

_____ 5. Combien de frères et sœurs a-t-elle?

_____ 6. Comment sont ses frères et sœurs?

_____ 7. Quand visite-t-elle sa famille?

a. Where does she live today?

b. How is Geneva?

c. How are her brothers and sisters?

d. When does she visit her family?

e. Why doesn't she live in Geneva?

f. How many brothers and sisters does she have?

g. Where is she from?

2-18 Retrouvez la question (_Retrieve the question_). You received the following transcription of a conversation a young staff member had with a newly arrived Francophone student. However, you prefer to publish the actual interview and ask him to reconstitute the actual questions he asked. Use either the formal or informal mode of address, but be consistent.

MODÈLE: Elle va **très bien**.
               Comment allez-vous?
    ou: _Comment vas-tu?_

1. Elle s'appelle **Malika**. _____

2. Elle a **23 ans**. _____

3. Elle est **de la Martinique**. _____

4. Elle a **trois** frères. _____

5. Elle habite aujourd'hui **Fort-de-France**. _____

_____

6. Fort-de-France est **une ville moderne et intéressante**. _____

_____

7. Elle est ici **parce qu'elle étudie la littérature américaine**. _____

_____

8. Elle parle **très bien** anglais. _____

9. Ses parents arrivent **lundi**. _____

Découvertes

Lecture

2-19 Le Québec vous ouvre grand ses portes! Begin by skimming quickly this text taken from a travel brochure about Quebec. Read through the exercises, then return to the text and scan it to locate the specific information that is requested. Remember that neither skimming nor scanning requires that you understand every word of the text.

Le Québec, quel pays!

Le Québec est la plus grande des provinces canadiennes. Son territoire riche et diversifié de 1.667.925 km² comporte plus d'un million de lacs et de rivières. Plus de 75% de ses sols sont couverts de forêts. Au nord, la taiga et la toundra (formations rocheuses) s'étendent à perte de vue. Un grand nombre de Québécois habitent près du Saint-Laurent, une contrée fertile à proximité de la frontière des États-Unis, irriguée par le Saint-Laurent, le plus grand fleuve du Canada. Québec, la capitale (515.000 habitants), et Montréal (1.800.000 habitants) sont situées sur les rives de ce fleuve majestueux.

Découvert en 1534 par Jacques Cartier, le Québec d'aujourd'hui est habité en majorité par les descendants des colons français, installés là au XVIIᵉ siècle. Sa population de 7.300.000 habitants comprend 81% de francophones, 9% d'anglophones et plus de 50 autres groupes linguistiques—principalement italien, grec ou chinois—de même que 6.000 Inuit et 55.000 Amérindiens.

Au Québec, avec vos aimables hôtes, vous allez toujours passer d'excellentes vacances.

1. Indicate by numbering from 1–4 the order in which the following topics are presented in the reading.

_____ As welcoming hosts, the Quebecois and their province offer you a great opportunity for vacations.

_____ Geography of the province

_____ Historical notes

_____ Linguisitic diversity in Quebec

_____ Canadian cities

2. Number in descending order the population groups which constitute the Quebec population.

_____ Amerindians

_____ Anglophones

_____ French settlers' progeny

_____ Inuit

3. List some of the things visitors to Quebec can enjoy.

_____

_____

_____

À vos stylos

2-20 Ma région vous ouvre grand ses portes! *(My region opens its doors to you!)* Write a short paragraph welcoming visitors to your state, province, or region. Follow the approach suggested in your textbook: outline the information you want to share, then develop the three or four ideas you want to emphasize. Feel free to list ideas and phrases from the reading, if you so desire. Add verbs and articles to make complete sentences. Proofread your text carefully, checking the verb forms and the adjective agreement.

_____

_____

_____

_____

_____

Dossier 3 *Tour de France*

Cultures en parallèles

3-1 Notre pays. Using the opening **Cultures en parallèles** section in your textbook as a model, write a short description of a state, region, or province you especially like. Indicate which features appeal to you, considering some of the following: **la superficie**, **la population**, **les caractéristiques**, **le climat**, **les villes**, **les signes particuliers**.

MODÈLE: *J'adore le Colorado. C'est un état avec des montagnes. J'aime les montagnes. Il n'y a pas beaucoup d'habitants. Il y des montagnes, des lacs et des forêts. Ce n'est pas une région industrielle.*

_____

_____

_____

_____

_____

Volet 1

Contexte 1. Un petit tour dans l'Hexagone

3-2 Qu'est-ce que c'est? Identify and/or situate the different monuments, sites, cities, and places that are described below. Use the vocabulary provided in the **Contexte**, adjective and make all necessary changes.

MODÈLE: Washington est une ville *au sud* de New York.

1.   Mount Rainier? C'est une _____ dans l'état de Washington.

2.   Le Mississippi, la Seine et le St.-Laurent, ce sont des _____.

3.   La Colombie-britannique, c'est la province à _____ du Canada. Le Québec est la

     province à _____ du pays.

4.   Notre-Dame de Paris, c'est une _____, n'est-ce pas?

5.   L'état de Californie est à _____ des États-Unis, et l'état de New York est sur la

     _____ atlantique. La région du «Middle West» est au _____ des

     États-Unis.

6.   Je n'aime pas les grandes villes; je préfère la _____.

7. À Washington D.C., les touristes visitent les _____ : le Capitole, la Maison Blanche *(White House)*, par exemple.

8. Au nord des États-Unis, il y a cinq grands _____ : Huron, Ontario, Michigan, Érié et Supérieur.

9. Dans mon petit village il n'y a pas de cathédrales, mais il y a deux jolies petites _____.

10. Chenonceaux, c'est un _____ célèbre de la vallée des Rois.

11. En Normandie, visitez les _____ du débarquement du 6 juin 1944 *(Allied landing)*!

12. À Giverny, on visite la maison et aussi, à l'extérieur, le _____ de l'artiste Claude Monet.

13. En Californie on trouve des _____ d'arbres géants: les séquoias.

14. La France a deux côtes: une côte sur l'atlantique et une côte sur la _____ Méditerranée.

Outil 1. Les adjectifs qui précèdent le nom

3-3   Des détails. Enliven the descriptions below by inserting the words suggested in parentheses. Remember to pay attention to adjective agreement.

MODÈLE: (long) La Loire est'un *long* fleuve.

1. (petit) Aujourd'hui, on fait une _____ visite de la région.

2. (vieux) Il y a un _____ château dans la _____ ville.

3. (beau) Les _____ montagnes du sud-est de la France s'appellent les Alpes.

4. (nouveau) En Côte d'Ivoire, il y a une _____ cathédrale spectaculaire à Yamoussoukro.

5. (bon) Visiter le château? Ça, c'est une _____ idée!

6. (jeune) Les _____ habitants de la région font souvent de la planche à voile.

7. (grand) Les _____ plages de Normandie sont des plages historiques.

8. (long) Nous n'aimons pas les _____ voyages.

9. (vrai) La cathédrale est un _____ trésor de l'architecture gothique.

10. (joli) Il y a une _____ ville tout près.

3-4 Les bien-nommés. Comment on the following people and things, using appropriate forms of **beau**, **nouveau**, and **vieux**.

MODÈLE: (vieux) M. Ancien est un très *vieil* homme.

1. (vieux) Mme Ancien est une très _____ femme. Elle a une _____

    maison, deux _____ voitures, beaucoup de _____ livres et un

    _____ chien.

2. (nouveau) Henri Leriche est très riche. Il a une _____ bicyclette, deux paires de

    très _____ skis, un _____ bateau et trois _____

    guitares électriques. Maintenant, il veut un _____ avion!

3. (beau) Marc Joli est un très _____ acteur. Il est marié avec une

    _____ actrice, et ils ont deux _____ enfants. Ils ont même un

    _____ chien. Voilà deux _____ photos récentes de la famille.

3-5 Un peu de logique! Justify your enthusiastic reactions by inserting the words suggested.

MODÈLE: Quelle ville! (agréable, beau)
            *Quelle **belle** ville **agréable**!*

1. Quel hôtel! (beau, moderne)

    _____

2. Quelle ville! (américain, joli)

    _____

3. Quels enfants! (amusant, petit)

    _____

4. Quels monuments! (grand, romain)

    _____

5. Quelle architecture! (beau, moderne)

    _____

6. Quels jardins! (extraordinaire, grand)

    _____

7. Quelles randonnées! (intéressant, long)

    _____

Lecture et expression écrite   **91**

8. Quelle région! (calme, joli)

_____

9. Quels endroits! (historique, vrai)

_____

3-6 Amitiés.   Make Kevin's postcard to his teacher more interesting by adding some details. For each place mentioned, you may insert one adjective (before or after), or be creative and insert two adjectives.

MODÈLES: Quel _____ voyage _____!
               Quel **beau** voyage!   ou: _Quel voyage **intéressant**!_
   ou: _Quel **beau** voyage **intéressant**!_

                                    Paris, le 2 août

_____ Monsieur Noleau,

Je suis à Paris! C'est une _____ ville _____, n'est-ce pas? Nous

avons un _____ hôtel _____ sur la rive gauche de la Seine, un

_____ fleuve _____. Notre guide, M. Petit, est un

_____ homme _____. Aujourd'hui, il va nous faire une

_____ conférence _(lecture)_ _____ sur les _____

cathédrales _____ du Moyen Âge. Demain, nous allons visiter Vaux-le-Vicomte, un

_____ château _____ du XVIIᴱ siècle, à l'est de Paris. Je suis très

content d'être à Paris. En septembre, je vous montrerai _(I'll show you)_ toutes mes

_____ photos _____

                              Amitiés,

                              Kevin

Volet 2

Contexte 2. Un climat tempéré mais varié: Quel temps fait-il?

3-7 Explique, s'il te plaît! Your French friend gets discouraged when reading the weather section in the newspaper. Help him or her understand the meaning of these idiomatic expressions by providing an equivalent in everyday French.

MODÈLE: Countdown toward May flowers begins.
                  Il pleut.

1. Sailors, take warning! Heavy precipitation and gale-force gusts!

2. This weekend: grey days, no rays!

3. The Big Chill: button up your overcoat!

4. Well, it doesn't show signs of stopping! 12 inches expected by nightfall!

5. Old Sol plays hard to get: reserve your spot at the Electric Beach!

6. A gorgeous day in every way: need we say more?

7. Breezy and cool: that's the rule!

8. Thunder and lightning and wind—oh my!

9. A real scorcher!

10. Sunscreen: Don't forget it, you'll regret it!

Outil 2. Le verbe **faire**

3-8 Professions. Inquire about the occupation of the following people, then state the answer.

MODÈLE: —Jules et Agnès, qu'est-ce qu'ils *font?*
               —Ils *sont* photographes.

1.   —Qu'est-ce que tu _____?

     —Je _____ étudiant/e.

2.   —M. et Mme Dupont, qu'est-ce qu'ils _____?

     —Ils _____ professeurs.

3.   —Qu'est-ce que vous _____?

     —Nous _____ journalistes.

4.   —Suzanne, qu'est-ce qu'elle _____?

     —Elle _____ architecte.

3-9 Activités de circonstances. Pick from the list below the activity that best fits each situation.

MODÈLE: J'aime la plage, alors...
               Alors je fais de la planche à voile.

> *Les activités:* faire de la planche à voile / faire des randonnées / faire du piano / faire du ski / faire
>
> du tennis / faire du volley (du basket ou du foot) / faire la visite des châteaux

1.   Nous sommes dans une région historique, alors...

_____

2.   Tu aimes les ballons *(balls)*, alors...

_____

3.   Je regarde tous les matches (Wimbledon, Roland-Garros, Flushing Meadows), alors...

_____

4.   Vous avez une nouvelle planche à voile, alors...

_____

5.   Vous aimez la musique, alors...

_____

6.   Votre amie adore marcher *(to walk)*, alors...

_____

3-10 Mais non! You are in a negative mood and contradict each statement.

MODÈLE: Il fait du soleil.
             Mais non! *Il ne fait pas de soleil!*

1. En hiver il fait des orages. Mais non! _____

2. Aujourd'hui, il fait du vent. Mais non! _____

3. Ton frère fait du sport? Mais non! Mon frère _____

4. Ta famille fait des voyages? Mais non! Ma famille _____

3-11 Réactions diverses. Tell which activity from the list on page 102 of your textbook each person is likely to pick in the following circumstances.

1. Quand je suis stressé(e), je _____

    _____

2. Quand mes parents sont en ville, ils _____

    _____

3. Quand mon professeur n'a pas de travail, il/elle _____

    _____

4. Quand nous sommes en vacances *(vacation)*, nous _____

    _____

5. Quand il pleut, vous _____

    _____

6. Quand tu n'as pas envie de travailler, tu _____

    _____

Volet 3

Contexte 3. Activités saisonnières

3-12 Une activité pour chaque situation. Complete each sentence by mentioning two activities appropriate for the situation. Look at **Le mot juste** on page 105 of your textbook to get ideas for varied activities.

MODÈLE: Quand on est malade *(ill)*, on...
                   Quand on est malade, on *ne regarde pas la télévision, on reste à la maison.*

1. Quand on est dans une grande ville, on _____

_____

2. Quand on va à la montagne, on _____

_____

3. Quand on aime beaucoup la musique, on _____

_____

4. Quand on va au bord de la mer, on _____

_____

Outil 3. Le verbe **aller** et le futur proche

3-13 Très bien, merci! Complete the following greetings.

1. —Comment _____?

    —Nous _____.

2. —Salut, Pierre! Comment _____-tu?

    —Je _____.

3. —Et ton père?

    —Il _____.

4. —Bonjour, Madame. Comment _____ les enfants?

    —Ils _____.

5. —Salut, Anne! Où est Martine? Comment _____-elle?

    —Oh, elle _____ assez bien, mais elle travaille beaucoup.

3-14 Changement de projets *(Change of plans)*. Everyone has too much to do and must postpone important projects until tomorrow

MODÈLE: J'étudie le français aujourd'hui?   Non! *Je **vais étudier** le français demain!*

1.   Je visite l'exposition aujourd'hui?   Non! _____

_____

2.   Nous faisons de la moto aujourd'hui?   Non! _____

_____

3.   Tu parles à ton professeur de français aujourd'hui?   Non! _____

_____

4.   Elles jouent aux cartes aujourd'hui? Non! _____

_____

5.   Stéphanie prépare l'examen aujourd'hui?   Non! _____

_____

6.   Vous faites du bateau aujourd'hui?   Non! _____

_____

3-15 Bien au contaire! *(Quite the opposite!)* You have heard rumors and gossip about things that are not true, and you reestablish the facts.

MODÈLE: —Tu vas au concert à vélo?
          —Mais non, je *ne vais pas aller* au concert à vélo.

1.   —Paul va à la fête à moto?   —Mais non, il _____

_____

2.   —Vos copains restent à Paris en été?   —Mais non, ils _____

_____

3.   —Vous faites de la moto en hiver?   —Mais non, je _ _____

_____

4.   —Il neige en été dans la région?   —Mais non, il _____

_____

5.   —On joue aux cartes chez Aline?   —Mais non, on _____

_____

6.   —Nous rentrons de la fête à pied?   —Mais non, nous _____

_____

3-16 Une invitation. Write a note inviting a friend to spend the weekend with you. Explain what you are *going to do*.

_____, le _____

Cher/Chère *(dear)* _____,

      Est-ce que tu as envie de passer le week-end avec Dominique et moi?

Vendredi soir, nous <u>allons aller au cinéma</u> et aussi nous _____

_____

Samedi, nous _____

_____

Dimanche, nous _____

_____

Téléphone-moi pour me donner ta réponse!

                                                      Amitiés, _____

Volet 4

Contexte 4. Projets de vacances

3-17 Parlons des vacances. Complete the descriptions of Serge and Armelle's vacation plans, using appropriate prepositions from the **Contexte**.

MODÈLE: *Cassis est une ville près de Marseille. Ornans est un village loin de Marseille.*

Serge:

Moi, je passe mes vacances _____ (1) la mer. Je travaille _____ (2) un

bateau. Nous faisons visiter toutes les calanques _____ (3) de Cassis! Je travaille

_____ (4) mon oncle Georges, le propriétaire du bateau.

Armelle:

Nous, nous allons passer les vacances à Ornans, _____ (5) de Besançon. Mais je suis

Bordelaise. En effet, je suis _____ (6) Bordeaux, une ville très _____ (7)

de Besançon! À Ornans, nous avons une maison. _____ (8) la maison, c'est la place

du village et _____ (9) la maison, il y a un petit jardin. Des cousins ont une grande

maison _____ (10) de chez nous. Alors, les enfants passent tout leur temps avec leurs

cousins: ils ne sont jamais _____ (11) eux!

Outil 4. Les pronoms toniques *(stressed pronouns)*

3-18 Tu veux rire! *(You must be kidding!).* Express your doubts about the statements you hear, by rephrasing them slightly with a stressed pronoun and adding comments such as **Tu veux rire! Tu plaisantes!,** or **Pas du tout!**

MODÈLE: —Les parents de Florent font de la moto.
                —***Eux?*** *Tu veux rire!*

1.   —Ton frère va en vacances sous les Tropiques.

_____

2.   —Julie et Mathieu sont originaires de Besançon.

_____

3.   —Armelle passe du temps à Paris.

_____

4.   —J'adore pêcher.

_____

5.   —Tu ne passes jamais tes vacances sans tes parents.

_____

6.   —Juliette et Marie adorent marcher.

_____

3-19 Et toi? Tell whether or not you share the same characteristics as the speaker.

MODÈLES: —J'ai beaucoup de cousins.
               —*Moi aussi!*
               —Je ne connais pas les calanques de Cassis.
               —*Moi non plus!*

1.   —Je passe mes vacances à la montagne.—_____

2.   —Je ne vais jamais à la pêche.—_____

3.   —Je n'habite pas Marseille.— _____

4.   —Je fais souvent de la moto.— _____

5.   —Je n'ai pas de vélo.— _____

6.   —En hiver je fais du ski.— _____

7.   —Je ne regarde jamais la télé.— _____

8.   —J'adore jouer aux cartes.— _____

Lecture et expression écrite

Découvertes

Lecture

3-20 La vallée des Rois. Practice anticipating the content of this passage, following the strategy outlined in your textbook. Once again, you will be reading paragraphs excerpted from a guidebook, this time introducing the Loire Valley. What sort of information do you expect to be presented here? Make a brief list of likely topics, then compare it to the actual content after you have read the passage. How accurate were your predictions?

Les trois anciennes provinces du Berry, de l'Orléanais et de la Touraine constituent aujourd'hui la région Centre. Quand on parle de la vallée des Rois, c'est la vallée de la Loire, célèbre dans le monde entier par ses nombreux châteaux. Très tôt, le climat doux et tempéré de cette région et les grandes forêts
5   de ses plateaux y attirent les rois de France désireux d'y chasser un gibier° *game* abondant et varié. À l'époque de la Renaissance, ils construisent des châteaux pour eux et leurs favorites. Chambord est peut-être le plus somptueux. Chenonceaux, bâti sur la rivière du Cher, reste le plus original. Mais n'oublions pas non plus le grand nombre de châteaux plus intimes bâtis par l'aristocratie locale.

10   Le souvenir de Jeanne d'Arc est toujours bien présent. La ville d'Orléans, libérée par Jeanne de l'occupation anglaise, consacre chaque année deux jours de fête à célébrer sa libératrice. Au mois de mai, la ville d'Amboise commémore son passé: le château évoque le souvenir des guerres de religion et le manoir du Clos-Lucé, la résidence de Léonard de Vinci, expose les dessins° et les *drawings*
15   inventions fantastiques de ce génie.

Les rillettes° de Tours, le vin blanc de Saumur sont parmi les plus *potted pork* connues des nombreuses spécialités gastronomiques de cette région à vocation agricole. La production de céréales, de légumes verts et de fleurs y reste importante. Avec ses deux millions et demi d'habitants, cette région garde dans sa
20   diversité une forte composante rurale.

Avez-vous compris? Mark the following statements **vrai** *(true)* or **faux** *(false)*. When false, correct them. Indicate on which lines in the text you have based your answers or corrections.

_____ 1. The region called the **Centre** comprises several provinces.

_____ 2. The Loire Valley was a rich hunting ground for the kings of France.

_____ 3. Local aristocrats were forbidden by the kings to build castles of their own.

_____ 4. One can still visit Leonardo de Vinci's residence in Orléans.

_____ 5. Agriculture plays an important role in the region's economy.

À vos stylos

3-21 Une carte postale de la vallée des Rois. Send a postcard from the **vallée des Rois** to a friend. Follow the approach outlined in your textbook: determine to whom you'll be writing, whether the message will be formal or informal, and what opening and closing formulas will be appropriate. Next, decide on your message (description of a trip or vacation? of the surroundings? of your activities?). Then, select a few ideas and flesh them out with verbs and adjectives. Draw on the reading for ideas as well as for suitable words and expressions as much as possible.

_____

_____

_____

_____

_____

Dossier 4 *La ville et le quartier*

Cultures en parallèles

4-1 Mon quartier. Complete the sentences to describe the area where you live now.

1. Le nom du quartier est _____

2. Le quartier est situé (au centre-ville / en banlieue) _____

_____

3. La population est _____

4. Il y a (des maisons particulières / des appartements) _____

_____

5. Aussi il y a/il n'y a pas de _____

6. Voilà les facteurs donnant *(giving)* une identité au quartier: _____

_____

Volet 1

Contexte 1. Ma ville et mon quartier

4-2 La ville de Dominique. Basing your anwers on the **Contexte**, indicate whether the statements below are **vrai** *(true)* or **faux** *(false)*. When they are false, correct them.

1. V   F   Au centre-ville, il y a une grande place, la place de la République.

_____

2. V   F   Il y a un lycée place de la République.

_____

3. V   F   Le café favori de Dominique est à côté du lycée.

_____

4. V   F   Sylvie, l'amie de Dominique, travaille à la gare.

_____

5. V   F   Le stade est au nord de la ville.

_____

6. V   F   Le quai des Antiquaires attire des amateurs de belles choses.

_____

Outil 1. Les adjectifs possessifs

4-3 C'est bien ça? Answer the following questions affirmatively.

MODÈLE: —C'est la maison de Paul?
               —Oui, c'est *sa* maison.

1.   —C'est la mobylette d'Henri? —Oui, c'est _____ mobylette.

2.   —C'est le quartier de tes parents? —Oui, c'est _____ quartier.

3.   —Tu habites près de l'école Grasset? —En effet, c'est _____ école.

4.   —Toi et ta famille, vous êtes à l'hôtel Victor Hugo? —Oui, c'est _____ hôtel.

5.   —2, avenue Jeanne d'Arc, c'est l'adresse de Marie? —Oui, c'est _____ adresse.

6.   —Est-ce que la stade de la ville est moderne? —Oui, _____ stade est très moderne.

4-4 À chacun sa vie. Complete the narrative below, using possessive adjectives.

Nous habitons une ville agréable. _____ (1) maison est sur les quais de la rivière. Pour les

enfants, c'est très pratique: _____ (2) école est tout près. Moi, je travaille à la poste:

_____ (3) travail n'est pas toujours très amusant, mais _____ (4) collègues sont très

sympas. Charles, _____ (5) mari, est photographe. _____ (6) bureau est au centre-ville.

Il utilise souvent _____ (7) mobylette. Et vous? Comment est _____ (8) ville? Est-ce que

vous appréciez _____ (9) quartier et _____ (10) voisins *(neighbors)*?

Volet 2

Contexte 2. On s'oriente et on se renseigne

4-5 Où se trouve... ? *(Where is . . . located?)* Look at the city map, and answer the various requests for directions. The point of departure is at the center of the city, as indicated by the X. You are facing the top of the page.

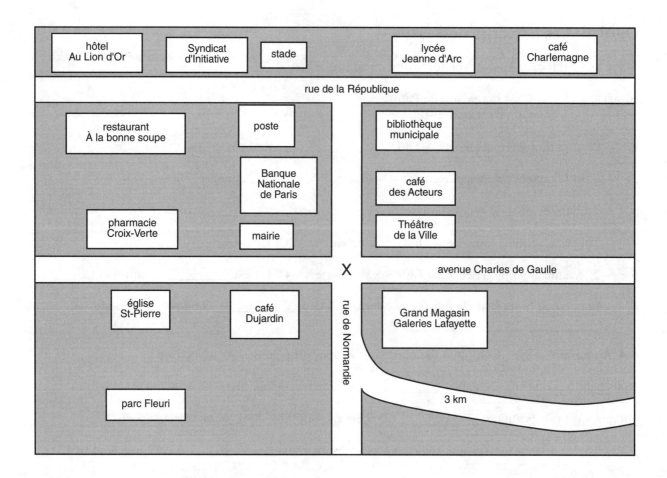

MODÈLE:

   —Le stade, s'il vous plaît?
   —*Continuez tout droit rue de Normandie et tournez à gauche, rue de la République. Le stade est à droite.*

1. —Pardon, je cherche le café des Acteurs.

—_____

_____

2. —L'église Saint-Pierre, s'il vous plaît?

—_____

_____

3. —Pardon, le Syndicat d'Initiative est loin d'ici?

—_____

_____

4. —Où se trouve le lycée Jeanne d'Arc, s'il vous plaît?

—_____

_____

5. —Je cherche le restaurant «À la bonne soupe».

—_____

_____

6. —Excusez-moi, la bibliothèque, c'est où, exactement?

—_____

_____

7. —S'il vous plaît, est-ce qu'il y a une banque dans le centre-ville?

—_____

_____

8. —La pharmacie Croix-Verte, s'il vous plaît?

—_____

_____

Outil 2. L'impératif; le conditionnel de politesse

4-6 Perdu! *(Lost!)* Maurice, a friend visiting your city, is lost. Help him find his way!

MODÈLE: (avoir) *Aie* un peu de patience!

1. D'abord, (être) _____ calme!

2. (traverser) _____ le boulevard.

3. (passer) _____ devant la gare.

4. (ne... pas aller) _____ trop loin.

5. Au carrefour, (faire) _____ attention.

6. (tourner) _____ à gauche.

7. Puis (continuer) _____ sur la rue Cartier.

8. (avoir) _____ de la patience: la rue est très longue!

9. S'il y a des problèmes, (appeler) _____ mon portable *(cellular phone)*.

10. Finalement, (acheter) _____ une carte de la ville!

4-7 Conseils divers. You are great at giving advice to everyone. Indulge your habit, according to the model.

MODÈLE: —J'ai très chaud.
             (aller à la plage avec tes copains) *—Va à la plage avec tes copains!*

1. —Nous avons un problème administratif.

   (aller à l'hôtel de ville) —_____

2. —Tu as besoin de chèques de voyage.

   (passer à la banque) —_____

3. —Il neige et nous adorons le ski.

   (faire du ski avec vos copains) — _____

4. —J'ai envie de regarder un bon film à la télé.

   (ne... pas regarder le film, étudier) —_____

5. —Nous allons au théâtre: on donne *Hamlet* en français.

   (alors, être au théâtre à 8 h) — _____

6. —Nous sommes impatients: quand est-ce que le film va commencer?

   (ne... pas être impatients, être patients) —_____

4-8 Politesse. Rephrase your request to appear more polite. Alternate between the formal and informal mode.

MODÈLE: La banque, s'il vous plaît?
             *Je **voudrais aller** à la banque. **Vous pourriez** m'aider?*

1. Le Syndicat d'Initiative, s'il vous plaît?

   _____

2. La poste, s'il te plaît?

   _____

3. La gare, s'il vous plaît?

   _____

4. Le stade, s'il te plaît?

   _____

5. L'hôpital, s'il vous plaît?

   _____

Volet 3

Contexte 3. Les commerçants du quartier

4-9 Où vont-ils? You have found several shopping lists, and now you know where your friends and family members are. Write your conclusions.

<table>
<tr>
<td>

1. cigarettes
allumettes
carte de téléphone
journal
timbres

</td>
<td>

2. de l'aspirine
des anti-allergéniques
une crème antiseptique

</td>
<td>

3. 4 steaks
un saucisson

</td>
</tr>
<tr>
<td>

4. ½ kilo de bananes
3 oranges
1 salade

</td>
<td>

5. 4 éclairs
2 croissants
un gâteau au chocolat

</td>
<td>

6. sauce tomate
spaghetti
coca
sardines

</td>
</tr>
</table>

MODÈLE: La liste n° 1 est la liste de Pierre? Ah, il *va au bureau de tabac.*

1.   La liste n° 2 est la liste de Maman? Ah, elle _____.

2.   La liste n° 3 est la liste de Monique? Ah, elle _____.

3.   La liste n° 4 est la liste de Marc et Éric? Ah, ils _____.

4.   La liste n° 5 est ta liste? Ah, tu _____.

5.   La liste n° 6 est la liste d'Olivier et Malika? Ah, ils _____.

6.   Et maintenant, ma liste! Je _____.

Outil 3. Les verbes réguliers en -re; le verbe **prendre**

4-10 Fragments de conversations. Indicate the logical answer to each question by writing the correct letter in the blank.

_____ 1. Tu prends souvent le bus?

_____ 2. Nous sommes invités chez les Laforge ce soir.

_____ 3. Hélène apprend l'anglais, n'est-ce pas?

_____ 4. Sylvie perd souvent son temps.

_____ 5. Les Smith vendent leur maison?

_____ 6. Vous entendez? Il y a de la musique dans la maison.

_____ 7. Tu rends visite à ta grand-mère ce week-end?

_____ 8. Claire répond à la lettre de son professeur?

_____ 9. Vous allez à la boulangerie tous les jours, n'est-ce pas?

_____ 10. Vous comprenez la question?

a. Je n'ai pas le temps. J'ai deux examens lundi.

b. C'est parce que elle n'est pas bien organisée.

c. Elle ne va pas répondre aujourd'hui. Elle va répondre demain.

d. Pas du tout! La question est stupide!

e. Ils nous attendent pour le dîner à 7 h.

f. Mais oui! C'est la radio de mon frère.

g. Oui, et maintenant elle comprend les films en anglais.

h. Très rarement. Je déteste attendre.

i. Ils ont cinq enfants maintenant, et la maison est trop petite.

j. Ah oui! Ils vendent des croissants excellents.

4-11 Requêtes! Complete the following requests and remarks, using the correct form of these verbs: **perdre, entendre, attendre, rendre, répondre, vendre**.

MODÈLE: Vous _perdez_ trop souvent votre temps.

1. Répètez, s'il vous plaît, nous _____ mal.

2. Dépêche-toi _(hurry)_: les copains _____.

3. Fais attention: tu _____ toujours quelque chose _(something)_.

4. Quand vous allez à la bibliothèque, _____ mes livres, s'il vous plaît!

5. _____ visite à votre famille plus souvent!

6. Il n'est pas poli: il ne _____ jamais quand on lui parle.

7. Est-ce que tu _____ ta mobylette? Elle m'intéresse!

4-12 As *(Ace)* **en grammaire!** As you complete the following statements, contrast the regular and irregular verb forms.

1. Paul et Olivier (attendre) _____ Marie et Suzanne, mais elles (prendre)

    _____ leur temps!

2. Vous (perdre) _____ beaucoup de temps, mais vous ne (comprendre)

    _____ pas pourquoi?

3. Nous (rendre) _____ souvent visite à Charlotte, mais nous n'(apprendre)

    _____ jamais des choses intéressantes.

Volet 4

Contexte 4. L'heure, c'est l'heure!

4-13 L'heure, c'est l'heure! Complete the conversations with appropriate expressions from the **Contexte**.

1. —Pardon, Madame, _____?

    —Il est dix heures et demie.

2. —J'adore Marie. Quand nous avons rendez-vous, elle arrive toujours

    _____. Elle est très ponctuelle.

    —C'est très sympa!

3. —On va au cinéma? _____ est-ce que le film commence?

    —À huit heures et demie, je pense.

4. —Étienne est très distrait, et pas très organisé. Il est souvent _____ et

    les autres sont obligés de l'attendre.

    —Moi, j'ai horreur de ça!

5. —Éric et Robert ont des interviews demain pour des jobs très intéressants. Ils sont si anxieux

    qu'ils vont probablement arriver _____!

    —Bravo! Ça fait bonne impression!

Outil 4. L'heure les nombres cardinaux 31–100; l'heure officielle

4-14 Comprenez-vous? Write the arabic numerals.

1. quatre-vingt-deux _____

2. trente-sept _____

3. soixante-quinze _____

4. cinquante-six _____

5. quatre-vingt-dix-sept _____

6. soixante-cinq _____

7. quatre-vingt-onze _____

8. soixante-seize _____

9. quarante-trois _____

10. quarante-neuf _____

4-15 Quel est votre quotient intellectuel (Q.I.) en numérologie? First read each sentence, then write out the correct number.

MODÈLE: Il y a *trois cent soixante* degrés dans un cercle.

1. Il y a _____ degrés dans un angle droit.

2. Il y a _____ jours en février dans une année bissextile *(leap year)*.

3. Il y a _____ étoiles sur le drapeau américain, pour représenter les

   _____ états des États-Unis.

4. Il y a souvent _____ trous sur un terrain de golf.

5. Il y a _____ (ou quelquefois _____) chiffres

   dans un code postal américain.

6. Dans un chanson populaire, il y a _____ trombones dans l'orchestre

   du défilé *(parade)*.

7. Il y a _____ minutes dans une heure.

8. Il y a _____ cartes dans un jeu de cartes (ne comptez pas le joker!).

9. Dans le roman de Jules Verne, Phileas Fogg a fait le tour du monde en

   _____ jours.

10. Dans l'histoire du déluge *(flood)* dans la Bible, il pleut sur Noé et sa famille (et leur arche!)

   pendant _____ jours et _____ nuits.

4-16 L'heure officielle—un peu de pratique! Write complete sentences giving the official times of these events. (Spell out the times.)

1. le film / commencer / à 20 h 25 _____

_____

2. nous / regarder / une émission de télévision / à 23 h 15

_____

3. nous / avoir cours / de 8 h à 8 h 50 _____

_____

4. vous / déjeuner / entre 12 h et 13 h _____

_____

5. je / faire mes devoirs / de 14 h 30 à 17 h _____

_____

6. les enfants / prendre le car scolaire / à 7 h 30 _____

_____

7. le train / arriver / à 00 h _____

_____

8. tu / aller faire du jogging / à 6 h _____

_____

Découvertes

Lecture

4-17 Bienvenue à bord des bateaux-mouches! You've boarded one of Paris's famous tour boats, and the afternoon tour is about to begin. The guide's commentary is transcribed below. Before reading it, look at the map of Paris in your textbook on page 160. The tour starts and finishes at the foot of the Eiffel Tower. Where would be a likely turnaround point? What sights along the way would the guide be likely to point out?

> Bienvenue à bord. Pendant une petite heure nous allons d'abord remonter la Seine jusqu'à l'île Saint-Louis. Sur votre droite, c'est-à-dire sur la rive gauche de la Seine, voici la coupole des Invalides qui abritent le musée de la Guerre et le tombeau de Napoléon. Devant vous et toujours sur votre droite, voici le
> 5   Palais-Bourbon, siège de l'Assemblée nationale. À gauche, oui, c'est la place de la Concorde et l'Obélisque. Nous passons maintenant sous le pont de la Concorde. À gauche, il y a le jardin des Tuileries et à droite nous pouvons admirer le musée de l'art du XIXᵉ siècle qui s'est installé dans l'ancienne gare d'Orsay. Tout droit devant nous, c'est bien sûr l'île de la Cité. Au-dessus de

10   nous, le Pont-Neuf, le plus vieux pont de Paris. Voilà à notre gauche, l'île de
la Cité. Les voitures de police stationnées sur le quai des Orfèvres vous
indiquent les locaux de la Direction centrale de la police judiciaire. Derrière
ces bâtiments, c'est la flèche de la Sainte-Chapelle, qui s'élève au centre du
Palais de Justice. À droite, c'est bien sûr le Quartier latin. Nous longeons
15   maintenant la cathédrale Notre-Dame et arrivons à l'île Saint-Louis où nous
allons faire demi-tour.

Avez-vous compris? As you mark the statements **vrai** *(true)* or **faux** *(false)* indicate the line
number(s) that helped you reach your decision.

1.   V   F   The tour lasts about two hours. _____

2.   V   F   Napoleon's tomb is found in the Palais-Bourbon, seat of the National
Assembly. _____

3.   V   F   The boat goes under at least two bridges. _____

4.   V   F   The former Orsay station is on the Left Bank. _____

5.   V   F   The address **quai des Orfèvres** is the equivalent of Scotland Yard. _____

6.   V   F   The boat takes the tourists to see two islands in the Seine. _____

À vos stylos

4-18 Un petit tour (*A short tour*). You promised to give a short tour of your city to a new French-
speaking exchange student, but when you go to pick the person up, you find no one and must leave a
note. First, draw a simple map of the area(s) where you want to take the student. Then, write a
short note saying what time you will meet and where. Sketch the itinerary you intend to follow to
show off places of interest.

Salut! Il est 3 h et tu n'es pas ici. Voilà une carte du quartier. Le rendez-vous à *(place)*

_____ à *(time)* _____

_____

_____

_____

Dossier 5 *Des gens de toutes sortes*

Cultures en parallèles

5-1 Vive la différence! Indicate what evidences of cultural diversity may be present in your town or city. When possible, provide a sentence or two of elaboration. You might tell, for example, what ethnic restaurants there are or give the dates of any ethnic festivals.

1. des festivals ethniques

   _____

2. des boutiques d'objets ou vêtements *(clothes)* importés

   _____

3. des marchés internationaux

   _____

4. des manifestations sportives (judo, karaté, etc.)

   _____

5. des lieux de cultes *(places of worship)* de religions variées

   _____

6. des programmes des films étrangers

   _____

7. des spectacles étrangers

   _____

8. des épiceries et des restaurants ethniques

   _____

Volet 1

Contexte 1. Instantanés

5-2 Combien mesurez-vous? *(How tall are you?)* Do you know how to calculate the metric equivalent of height given in inches? Just divide your height in inches by 39.4.

MODÈLE: Mon copain fait 5'6".
                 Mon copain fait un mètre soixante-six. (5'6" = 66" ÷ 39.4 = 1,66 m)

1. John fait 5'9". Il fait _____.

2. Cindy fait 5'2". Elle fait _____.

3. Laura fait 6'. Elle fait _____.

4. Gary fait 6'4". Il fait _____.

5. Et vous? Je fais _____.

5-3 Combien pesez-vous? Do you know how to calculate the metric equivalent of weight given in pounds? Just divide your weight in pounds by 2.2.

MODÈLE: Tu pèses 130 livres.
                 Tu pèses 59 kilos. (130 ÷ 2.2 = 59 k)

1. John pèse 180 livres. Il pèse _____.

2. Cindy pèse 110 livres. Elle pèse _____.

3. Laura pèse 150 livres. Elle pèse _____.

4. Gary pèse 225 livres. Il pèse _____.

5. Et vous? Moi, je _____.

5-4 Des fiches signalétiques *(Identification cards).* You and your roommate are going to study French in a Francophone country this summer. Fill out the cards sent by the school.

#1 Ma fiche signalétique:
Nom: ....
Prénoms: ....
Date de naissance: ....
Domicile: ....
Profession: ....
Taille (en cm): ....
Poids (en kilos): ....
Yeux: ....
Cheveux: ....
Signes particuliers: ....
....

#2 Ma fiche signalétique:
Nom: ....
Prénoms: ....
Date de naissance: ....
Domicile: ....
Profession: ....
Taille (en cm): ....
Poids (en kilos): ....
Yeux: ....
Cheveux: ....
Signes particuliers: ....
....

5-5 Mais, calmez-vous! You lost your little brother in the park! Answer the police officer to provide a complete description of the child.

1. —Comment s'appelle-t-il?

—_____

2. —Quel âge a-t-il?

—_____

3. —Quelle est sa taille?

—_____

4. —Indiquez combien il pèse.

—_____

5. —De quelle couleur sont ses cheveux? Sont-ils longs ou courts?

—_____

6. —De quelle couleur sont ses yeux?

—_____

7. —Donnez-moi une description de son visage.

—_____

8. —A-t-il des signes particuliers?

—_____

Outil 1. Les verbes réguliers en **-ir**; les verbes comme **ouvrir**

5-6 Les verbes en *-ir*. Complete the sentences below with the appropriate form of one of these verbs: **grossir, obéir, réfléchir, réunir, réussir, vieillir.**

1. Je _____ en hiver parce que je ne fais pas de sport.

2. Les enfants sages _____ toujours à leurs parents.

3. Mon grand-père _____. C'est triste!

4. Cet été, ma sœur et moi, nous _____ la famille pour le 50ᵉ anniversaire du

    mariage de mes grands-parents.

5. Attention! Tu ne _____ pas avant de parler.

6. Bravo! Vous _____ très bien en français.

5-7 Les verbes comme *ouvrir*. Write in the appropriate form of one of these verbs: **découvrir, offrir, ouvrir, souffrir.**

1. Tu es malade *(ill)*? Oh, je suis désolé. Tu _____ beaucoup?

2. Les enfants aiment beaucoup leur école. Ils _____ beaucoup de choses

    passionnantes.

3. C'est moi qui paie! Garçon! J' _____ un café à tout le monde.

4. Attendez! Nous _____ une bouteille de champagne pour fêter ça!

5. En France, on _____ souvent des fleurs à ses hôtes quand on est invité à dîner.

6. S'il te plaît, _____ la porte!

Volet 2

Contexte 2. Personnalités diverses

5-8 Rendez à César. These adjectives have been mixed up in the computer. Can you remember whom they describe? Write each adjective in the appropriate column.

> ambitieux / amusant / compétitive / créateur / ennuyeuse / fou / gaie / gentil / heureuse /
>
> insupportable / jeune / pas très franche / première de sa classe / prétentieuse /
>
> sportive / superficielle / travailleur

HÉLÈNE ROI	NOC PHUEN	PATRICIA	HENRI
_____	_____	_____	_____
_____	_____	_____	_____
_____	_____	_____	_____
_____	_____	_____	_____
_____	_____	_____	_____
_____	_____	_____	_____

Outil 2. Adjectifs irréguliers; **c'est** vs. **il est**

5-9 Bien assortis! One of your friends has found his ideal mate. Though you are not jealous, you're a bit envious as you complete the descriptions and see how well they fit together.

MODÈLE: Il n'est pas jaloux.
                Elle n'est pas *jalouse*.

DAVID   NEDJA

1. Il est très franc.   Elle est _____ aussi.

2. Il est _____.   Elle est travailleuse.

3. Il est actif.   Elle est _____ aussi.

4. Il est assez _____.   Elle est très gentille.

5. Il n'est pas _____.   Elle n'est pas ennuyeuse.

6. Quelquefois, il est un peu fou.   Elle aussi est parfois un peu _____.

7. David est mon ami favori.   Nedja est aussi une amie _____.

8. Une différence: David est conservateur.   Nedja n'est pas _____.

5-10 Autrement dit (*In other words*). How you would characterize these different people? Use words from the list, and don't forget adjective agreement!

> ambitieux / attentif / compétitif / créateur / ennuyeux / franc / intellectuel / intuitif / paresseux / sportif

1. Jeanne donne toujours son opinion, mais... elle n'est pas toujours très diplomate! Autrement dit, elle est très _____.

2. Paul est toujours prêt à aider, à rendre service. Autrement dit, il est très

   _____ aux autres (*others*)

3. Claire comprend les pensées, les sentiments (*feelings*) et les émotions des autres. On n'est jamais obligé d'expliquer. Autrement dit, elle est très _____.

4. Annie fait du jogging, du tennis, de la natation, du vélo. Autrement dit, elle est très

   _____.

5. Éric n'a jamais envie de travailler. Il passe toute la journée à dormir ou à regarder la télé. Autrement dit, il est très _____.

6. Claude n'est pas drôle! Elle parle d'elle-même, elle répète des clichés. Autrement dit, elle est

   très _____.

7. Paul est impossible! Il veut toujours réussir mieux que (*better than*) tout le monde. Autrement dit, Paul est très _____.

8. Charles est un artiste: Il a beaucoup d'imagination. Autrement dit, il est très

   _____.

9. Josiane est très sérieuse. Elle est passionnée par la philosophie, l'analyse politique, la littérature. Autrement dit, Josiane est très _____.

10. Pierre a de bons résultats et il travaille 20 heures par semaine pour payer ses études. Il veut réussir. Autrement dit, il est très _____.

5-11 Commentaires. Add your comments to the remarks made by other people.

MODÈLE: —Daniel Belavoine? Oh, il est chanteur.
—*Oui, et c'est un chanteur très créateur.*

1. —Robin Williams? —Oh, il est acteur.

_____

2. —Grandma Moses? —Oh, elle est artiste.

_____

3. —Henry Kissinger? —Oh, il est politologue.

_____

4. —Maya Angelou? —Oh, elle est poète.

_____

5. —Bill Gates? —Oh, il est ingénieur.

_____

Volet 3

Contexte 3. On raconte sa vie

5-12 De qui est-il question? *(Whom is it all about?)* Can you remember who did what without looking at the **Contexte**? Write the initials of the person (or people) you recognize next to each statement: **Philippe Giraud (PG)**, **André Janin (AJ)**, **Évelyne Ladois (EL)**, **Jean-Claude (JC)**, **Marie-France (MF)**, **Noc Phuen (NP)**, **Sébastien Léon (SL)**.

1. _____ a beaucoup voyagé.

2. _____ a des parents qui *(who)* ont quitté le Viêt-nam.

3. _____ ont commencé leur carrière chez France-Télécom.

4. _____ a de gros soucis pour l'avenir.

5. _____ a toujours agi en collège consciencieux.

6. _____ a perdu son poste d'ingénieur.

7. _____ a grandi et a joué avec le narrateur.

8. _____ a toujours été curieux de tout.

9. _____ n'a pas eu de chance.

10. _____ a eu une grande chance.

Outil 3. Le passé composé avec **avoir**

5-13 Mais, c'est déjà fait! *(But it's already done!)* Everyone has been been very efficient and has already done all they were supposed to do.

MODÈLE: —Vous allez prendre des photos?
                —Mais, nous *avons déjà pris* des photos!

1.   —Vous allez finir vos devoirs maintenant?

     —Mais, nous _____ nos devoirs!

2.   —Paul, tu vas apprendre ta leçon de musique?

     —Mais, j' _____ ma leçon!

3.   —Elisabeth, tu vas prendre ton bain *(your bath)* maintenant?

     —Mais, Maman, j' _____ mon bain!

4.   —Joëlle et Anne, vous allez ouvrir la porte pour Papa?

     —Mais, nous _____ la porte!

5.   —Je vais faire la vaisselle maintenant!

     —Mais Maman, tu es folle! Tu _____ la vaisselle!

6.   —Nous allons répondre à la lettre maintenant.

     —Mais que dites-vous? Vous _____ à la lettre, non?

7.   —Carole va avoir son bébé bientôt?

     —Mais non, elle _____ son bébé!

8.   —Les enfants vont téléphoner à leurs cousins?

     —Mais, ils _____ à leurs cousins!

5-14 Plus ça change... Pick the appropriate verb to comment on the information provided: **apprendre**, **choisir**, **grossir**, **offrir**, **perdre**, **vendre**, **vieillir**.

MODÈLE: 1,52 m il y a 10 ans! Maintenant, 1,66 m!
                Tu *as grandi*!

1.   En 1987, 60 kilos. Maintenant, 70 kilos.

     —Tu _____.

2.   Marcel et Berthe: En 1979, 60 ans. Aujourd'hui, 80 ans.

     —Ils _____.

3. Avril 1999: accepté par trois universités américaines. Septembre 2000: études à l'université du Texas.

   —Alors, vous _____ l'université du Texas?

4. Autrefois, énorme maison pour les Martin. Maintenant, un petit appartement.

   —Alors, ils _____ leur maison?

5. Xavier: juin, 97 kilos. Maintenant, 91 kilos.

   —Ah, il _____ 6 kilos.

6. En août, premier cours de français. Maintenant, je comprends et parle un peu.

   —Félicitations! Tu _____ un peu de français!

7. L'année dernière, Paule est à vélo. Hier, Paule est dans une belle voiture de sport.

   —Le père de Paule _____ une voiture à sa fille.

5-15 Changements dans votre vie. Say whether or not these changes have affected your life during the last two years.

MODÈLE: Avez-vous vendu votre vélo?
            Non, je n'ai pas vendu *mon vélo.*
   ou: ***Oui, j'ai vendu*** *mon vélo.*

1. Avez-vous maigri ou grossi?

   _____

2. Avez-vous rencontré de nouveaux amis?

   _____

3. Avez-vous perdu de vieux amis?

   _____

4. Avez-vous appris une nouvelle langue?

   _____

5. Avez-vous découvert un nouveau sport?

   _____

6. Avez-vous changé d'université?

   _____

7. Avez-vous eu de bons résultats à l'université?

   _____

8. Avez-vous été une personne sérieuse?

   _____

Volet 4

Contexte 4. Champions du monde

5-16 Mes champions favoris. You are an avid sports fan and have very definite preferences among athletes and teams. Supply the appropriate information below to share your convictions.

1. La plus grande des victoires sportives: _____

2. Parmi les sportifs professionnels, deux héros/héroïnes plus grand(e)s que nature:

   _____   _____

3. Le meilleur entraîneur: _____

4. Les trois meilleurs joueurs de _____ *(sport of your choice)*:

   _____   _____

   _____

5. L'athlète _____ *(sport of your choice)* le plus brillant et le plus efficace:

   _____

6. L'athlète _____ *(sport of your choice)* le plus rapide:

   _____

7. La champion/La championne olympique la plus jeune:

   _____

8. Le plus vieux champion _____ *(sport of your choice)*:

   _____

9. L'équipe sportive la plus titrée:

   _____

10. L'équipe la plus diverse:

   _____

Outil 4. Le comparatif et le superlatif de l'adjectif

5-17 Comparaisons. Write complete sentences comparing two activities in the terms specified.

MODÈLE: le vélo, la marche (+ spectaculaire)
               *Le vélo est **plus spectaculaire que** la marche.*

1.   le tennis, le football (= rapide)

_____

2.   le football américain, le foot (+ violent)

_____

3.   le golf, le ski (= compétitif)

_____

4.   la marche, la boxe (– dangereux)

_____

5.   le ski nautique, la planche à voile (= difficile)

_____

6.   le volley, le patinage à glace *(ice skating)* (= amusant)

_____

7.   Pour un sportif, les randonnées à pied, les voyages en autocar (+ bon)

_____

8.   les voyages en groupe, les voyages individuels (– personnalisé)

_____

5-18 Deux personnes très différentes. Compare Évelyne Ladois (**Contexte 3**) and Hélène Roi (**Contexte 2**).

MODÈLE: (âgé)   *Évelyne est **plus âgée qu'**Hélène.*
ou: *Hélène est **moins âgée qu'**Evelyne.*

1. (sportif) _____

2. (courageux) _____

3. (compétitif) _____

4. (chanceux) _____

5. (travailleur) _____

6. (dynamique) _____

7. (heureux) _____

8. (gai) _____

5-19 Illusions de grandeur. When asked questions about his future, your acquaintance, Roger, may have many illusions: he can only picture the best for himself.

MODÈLE: —Tu vas avoir une carrière impressionnante?
                —Oh, oui, *je vais avoir **la carrière la plus impressionnante!***

1. —Tu vas être une personne riche? —Oh, oui, _____

_____

2. —Tu vas avoir des enfants intelligents? —Oh, oui, _____

_____

3. —Tu vas faire des découvertes importantes? —Oh, oui, _____

_____

4. —Tu vas avoir une grande maison? —Oh, oui, _____

_____

5. —Tu vas être une personne célèbre? —Oh, oui, _____

_____

6. —Tu vas avoir un bon travail? —Oh, oui, _____

_____

Découvertes

Lecture

5-20 L'Astrologie. Whether or not you believe that your astrological sign yields secrets to your personality and your future, you are probably familiar with astrological charts and horoscopes. Therefore, you already have general knowledge of the topic of this reading, which can help you follow—and enjoy—the discussion of two astrological signs, **Poisson** and **Scorpion**. Then decide what an astrological sign says about a person and whether or not the information is valid!

L'atrologie montre à l'homme ses dispositions et qualités mais aussi ses défauts°. L'étude des signes apporte parfois des renseignements *shortcomings* utiles. Mais amusez-vous avec cette analyse et ne prenez pas trop au sérieux les descriptions données. Elles donnent seulement une idée très générale de la
5   personnalité.

Poisson, du 19 février au 20 mars:
Le natif du Poisson a une grande force intérieure. Ses capacités spirituelles sont grandes, mais ne s'expriment pas toujours très bien.
Si vous êtes Poisson, vous êtes une personne sensible, mais attention—vous
10   n'êtes pas toujours assez assertif: soyez un peu plus agressif!
En ce qui concerne les autres, vous êtes prudent et parfois même un peu méfiant. Mais quand vous avez fait des amis, c'est pour toujours car vous êtes un ami très loyal.
Votre imagination est fertile. Vous êtes attiré par les objets étrangers et les
15   personnes étrangères.
Vous êtes souvent angoissé: quand vous êtes heureux vous redoutez d'être malheureux, essayez donc de calmer vos émotions!
Un Poisson a beaucoup d'intuition et d'intelligence, il est toujours ouvert à de nouvelles expériences.

20   **Scorpion**, du 23 octobre au 21 novembre:
Le Scorpion est un être particulièrement énergique, et cette énergie apparaît quelquefois comme une forme d'insubordination. Il est vrai que vos opinions sont souvent inflexibles et parfois même violentes.
Vous possédez un important pouvoir d'attraction et vous exercez une grande
25   influence sur l'autre sexe.
Vous cherchez le danger et vous avez tendance à combattre les opinions et les institutions existantes. Vous aimez la recherche intellectuelle et vous réussissez bien dans ce domaine. Votre ambition vous pousse vers le succès.
Attention: vous êtes sensible aux flatterie et peut-être un peu vaniteux.
30   Dans votre propre intérêt, essayez de combattre votre jalousie et vos passions présentes et latentes. Vous faites un ami discret et sûr.

Avez-vous compris? Circle the answers that best fit the text, and indicate the lines in the text which support them.

1. Astrology must be taken [very seriously / only as an extra source of information].

2. A [**Poisson** / **Scorpion**] possesses spiritual strength.

3. A [**Poisson** / **Scorpion**] is very attractive to the members of the opposite sex.

4. In a [**Poisson** / **Scorpion**], a high level of energy may sometimes lead to violence.

5. For a [**Poisson** / **Scorpion**], friends are forever.

6. In a [**Poisson** / **Scorpion**], lots of imagination and high levels of emotion may cause anguish.

7. A [**Poisson** / **Scorpion**] is intellectually gifted, takes nothing for granted, and questions everything.

8. A [**Poisson** / **Scorpion**] must develop assertiveness.

9. In a [**Poisson** / **Scorpion**], the propensity to be somewhat jealous must be resisted.

10. A [**Poisson** / **Scorpion**] may have to control undue sensitivity.

À vos stylos

5-21 Personnalité et astrologie. Modeling your writing on the reading, write a (fantasy) description of people who share your astrological sign. Follow the steps outlined in your textbook: first, decide whether you are going to write a physical or psychological portrait or combine elements of both. Next, make a list of features you want to include, then add details. Don't forget to include both an introductory sentence and a conclusion. And, of course, give your description a catchy title!

Les signes du zodiaque			
Bélier	21 mars–20 avril	Balance	24 septembre–23 octobre
Taureau	21 avril–21 mai	Scorpion	24 octobre–22 novembre
Gémeaux	22 mai–22 juin	Sagittaire	23 novembre–21 décembre
Cancer	23 juin–22 juillet	Capricorne	22 décembre–20 janvier
Lion	23 juillet–23 août	Verseau	21 janvier–18 février
Vierge	24 août–23 septembre	Poisson	19 février–20 mars

_____

_____

_____

_____

Dossier 6 *Chez soi*

Cultures en parallèles

6-1 Ma maison idéale. Guided by the questions below, write down some characteristics of the house you would eventually like to live in. Write complete sentences.

1. Préférez-vous une maison ouverte sur la rue ou isolée de la rue par une barrière ou un mur?

   _____

2. Entre la rue et la maison, y a-t-il un gazon ou un mur?

   _____

3. Le jardin consiste-t-il d'un gazon ou y a-t-il des allées et massifs de fleurs?

   _____

4. Les fenêtres de la façade ont-elles des volets fonctionnels ou décoratifs?

   _____

5. À l'intérieur l'espace est-il très ouvert ou divisé par des portes?

   _____

Volet 1

Contexte 1. Les Rollin et leur maison

6-2 Un plan fonctionnel. Look at the floor plan of the Rollin's house on p. 208 of your textbook, and reread their own descriptions as you make notes about the different rooms.

MODÈLE: Le hall d'entrée:
            size: *Il est spacieux. Il est pratique.*
            access to which rooms: *On monte directement dans les chambres par l'escalier.*
            Aussi on entre dans la salle à manger.

1. le séjour:

   size: _____

   distinguishing feature(s): _____

   _____

   access to other rooms or yard: _____

   _____

2. La cuisine

   size _____

   distinguishing feature(s): _____

   _____

   eating area or separate dining room? _____

3. Le premier étage:

   number of rooms _____

   bathroom(s) _____

4. L'extérieur:

   what Pierre specially likes: _____

   what Dominique specially likes: _____

Outil 1. Les verbes **partir, sortir, dormir, venir**; le passé récent

6-3 Questions et réponses. Fill in the suggested verb in each question, and then answer in order to complete the dialogs.

sortir

1. —Est-ce que vous _____ pendant la semaine ou pendant le week-end?

   —En général, moi et mes copains nous _____ pendant le week-end.

2. —Quand ils _____, où vont les étudiants de votre université? au café? au

   cinéma? chez des amis? au restaurant?

   —Eh bien, certains _____ au café, et certains _____ au

   cinéma. Moi, je _____ avec des amis.

partir

3. —Est-ce que vous et vos copains, vous _____ souvent le week-end?

   —En général, nous _____ loin de la ville, le week-end.

4. —Est-ce que tout le monde _____ pendant les vacances ou certains étudiants

   restent-ils sur le campus?

   —Ça dépend. Mes copains _____ et rentrent dans leur famille. Mais quand

   une personne travaille, elle ne _____ pas, bien sûr!

dormir

5. —Est-ce que vous _____ huit heures par nuit?

   —Oh! Moi, je _____ cinq heures par nuit.

6. —Est-ce que beaucoup de vos camarades _____ huit heures par nuit?

   —Quand on est étudiant, on ne _____ pas huit heures par nuit!

6-4 Faits divers. Use a form of **venir**, **convenir**, **revenir**, **devenir**, **tenir à,** or **obtenir** to complete the following sentences logically.

1. Quand mes parents _____ me rendre visite, ils _____ à visiter le campus

   et rencontrer tous mes amis.

2. Est-ce qu'en général vous _____ de bonnes notes en français?

3. Nous partons au ski jeudi soir et nous _____ dimanche soir.

4. Certains étudiants préfèrent habiter en ville parce qu'une chambre sur le campus ne

   _____ pas à tout le monde.

5. C'est sûr, nous faisons des progrès et nous _____ meilleurs en français.

6-5 Trop tard! C'est fait! *(Too late! It's done!)* Answer the suggestions by pointing out that the activities proposed have been just performed.

MODÈLE: —On part en week-end?
                 —Mais non! *On **vient de partir** en week-end!*

1. —On sort au cinéma?

   —Mais non! _____

2. —Nous dînons au restaurant ce soir?

   —Mais non! _____

3. —Tu joues au foot avec nous?

   —Mais non! _____

4. —Tes parents achètent une nouvelle maison?

   —Mais non! _____

5. —On visite le musée?

   —Mais non! _____

Volet 2

Contexte 2. Vive le centre-ville!

6-6 Des courses *(Errands)*. You've just moved into a new apartment, but it is unfurnished! Complete the list of the furniture and appliances you need for each room, and don't forget the articles.

1. Pour le séjour, nous avons besoin de (d') _____

   _____

2. Pour la salle à manger, achetons _____

   _____

3. Dans la cuisine, il y a beaucoup de placards mais nous avons aussi besoin de (de') _____

   _____

4. Pour ma chambre, j'ai juste un matelas *(mattress)*—c'est tout! J'ai besoin d'acheter _____

   _____

5. Pour la décoration de l'appartement nous allons utiliser des objets personnels: par exemple, ___

   _____

Outil 2. L'adjectif interrogatif **quel**; l'adjectif démonstratif **ce**

6-7 À l'agence immobilière *(At the real estate agency)*. For your job in a real estate office, you must establish a new client's profile. Write the questions you will ask him or her.

MODÈLE: (nom / être)   ***Quel** est votre nom?*

1. (adresse / être) _____

2. (numéro de téléphone / être) _____

3. (quartiers / préférer) _____

4. (résidence / chercher) _____

Later, when he has visited several apartments, you have additional quesions to add.

5. (immeuble / préférer) _____

6. (étage / désirer habiter) _____

7. (plan d'appartement / préférer) _____

8. (appartements / désirer revisiter) _____

6-8 Demande de précisions. As you tour a model home, you admire some of the furnishings. Your companion keeps asking for clarification.

MODÈLE: —Regarde les tapis!
—Pardon! *Quels* tapis? Ah, *ces* tapis-là!

1. —L'armoire est très belle!

   —Pardon! _____

2. —Le miroir est très ancien.

   —Pardon! _____

3. —J'aime bien les chaises.

   —Pardon! _____

4. —Regarde la lampe!

   —Pardon! _____

5. —Oh, le fauteuil semble très confortable!

   —Pardon! _____

6. —Tu aimes les tableaux?

   —Pardon! _____

Volet 3

Contexte 3. Le week-end dernier, en banlieue

6-9 Un ménage rapide. The house is a mess, there is nothing to eat, and you are expecting friends. You and your roommates quickly decide who needs to do what to get ready for your guests.

1. —Oh là là! Les tapis sont sales *(dirty)*!

   —Jeanne va _____.

2. —Comment? Il n'y a rien pour le dîner!

   —Je vais _____.

3. —Et il y a des livres, des CDs et des cahiers sur la table!

   —Monique va _____.

4. —C'est terrible! Jules n'a pas fait son lit.

   —Roger va _____.

5. —Et il n'y a pas de vaisselle propre!

   —Eh bien, toi et Sylvie, vous allez _____.

6. —La stéréo ne marche pas.

   —On va demander à André de réparer ça: il adore _____.

Outil 3. Le passé composé avec **être**

6-10 Le bon réflexe. Test your memory by going through the list of verbs below and checking only those conjugated with **être** in the **passé composé**.

_____ acheter	_____ étudier	_____ partir
_____ aller	_____ faire	_____ prendre
_____ arriver	_____ laver	_____ rendre
_____ avoir	_____ lire	_____ rentrer
_____ choisir	_____ marcher	_____ rester
_____ découvrir	_____ monter	_____ retourner
_____ descendre	_____ montrer	_____ sortir
_____ dormir	_____ mémoriser	_____ tomber
_____ entrer	_____ offrir	_____ vendre
_____ être	_____ parler	_____ venir

6-11 Échange de nouvelles. You are discussing people you knew years ago and what has happened to them. You find out that your information was incorrect.

MODÈLE: (aller) —Marielle et Juliette *sont allées* étudier aux États-Unis.
                      —Mais non! Juliette *n'est pas allée* étudier aux États-Unis!

1. (devenir) —Janine? Eh bien, elle _____ médecin!

   —Mais non! Janine _____, médecin! Son frère

   _____ médecin.

2. (monter) —Henri _____ à Paris pour faire du théâtre.

   —Mais non! Henri _____ à Paris, sa sœur Nadine

   _____ à Paris faire du théâtre.

3. (entrer) —Georges et Luc _____ à l'École centrale.

—Mais non! Georges et Luc _____ à l'École centrale.

Annie _____ à l'École centrale.

4. (partir) —Louis et Marie-Paule _____ en Afrique.

—Mais non! Louis et Marie-Paule _____ en Afrique.

Marie-Paule _____ en Afrique.

5. (tomber) —Jacqueline _____ amoureuse *(in love)* d'un Américain.

—Mais non! Un étudiant américain _____ amoureux *(in love)* de Jacqueline.

6. (retourner) —Cécile _____ habiter chez ses parents.

—Mais non! Cécile _____ habiter chez ses parents. Ses parents _____ au Maroc.

7. (sortir) —Françoise _____ avec un acteur de cinéma.

—Mais non! Françoise _____ avec un acteur de cinéma.

8. (descendre) —Marc et Monique _____ à Nice pour le Carnaval.

—Mais non! Marc et Monique _____ à Nice. Monique _____ à Nice.

6-12 Le week-end dernier. Using verbs from the list, write three sentences telling what you did last weekend and three sentences telling what you did not do.

aller / arriver / rentrer / monter / rester / descendre / tomber / sortir / partir / revenir

1. _____

2. _____

3. _____

4. _____

5. _____

6. _____

Volet 4

Contexte 4. La journée de Pierre Rollin

6-13 Synonymes. After rereading the **Contexte**, match the expressions in column B that are synonyms with the verbs in column A.

PIERRE

_____ 1. Il se réveille.	a.	Il monte dans la baignoire.
_____ 2. Il se lève.	b.	Il a une altercation avec son patron.
_____ 3. Il se rase.	c.	Il arrange ses cheveux.
_____ 4. Il se lave.	d.	Il coupe la barbe sur son visage.
_____ 5. Il s'habille.	e.	Il devient calme.
_____ 6. Il se coiffe.	f.	Il devient furieux.
_____ 7. Il s'en va.	g.	Il ouvre les yeux.
_____ 8. Il s'énerve.	h.	Il part au bureau.
_____ 9. Lui et son patron se disputent.	i.	Il passe son jean.
_____ 10. Il se calme.	j.	Il présente ses excuses.
_____ 11. Il s'excuse.	k.	Il sort de son lit.

DOMINIQUE

_____ 1. Dominique s'inquiète.	a.	Elle va au lit.
_____ 2. Elle s'impatiente.	b.	Elle perd patience.
_____ 3. Elle s'installe.	c.	Elle enlève ses jeans et prend son pyjama.
_____ 4. Elle se déshabille.	d.	Elle ne peut pas dormir.
_____ 5. Elle se couche.	e.	Elle est préoccupée.
_____ 6. Elle ne s'endort pas.	f.	Elle prend sa place.

Outil 4. Les verbes pronominaux au présent et à l'impératif

6-14 Différentes habitudes. Note the different habits of the people mentioned below.

MODÈLE: (ne... pas, se coucher)
En général, vous les étudiants, vous *ne vous couchez pas* très tôt!

1. (ne... pas, s'embrasser)

   Dans ma famille, on _____ beaucoup.

2. (se téléphoner)

   Toi et ton fiancé, vous _____ dix fois par jour.

3. (se dépêcher)

   Nous avons beaucoup de travail et nous _____ toute la

   semaine.

4. (ne... pas, se disputer)

   Tu _____ avec tes frères et sœurs? C'est impossible!

5. (ne... pas, se souvenir)

   Mes amis _____ de votre adresse.

6-15 Des questions indiscrètes. A telemarketer asks a number of rather personal questions regarding your Saturday morning routine. Are you going to answer truthfully?

MODÈLES: —Est-ce que vous vous levez très tôt le samedi matin?
              —*Bien sûr que non! Je **ne me lève pas** tôt le samedi matin!*
    ou: —*Mais oui! Je **me lève** tôt parce que je travaille!*

1. —À quelle heure est-ce que vous vous réveillez le samedi matin?

—_____

2. —Est-ce que vous vous levez tout de suite, ou est-ce que vous restez au lit?

—_____

3. —Est-ce que vous vous lavez la tête *(to shampoo)* le samedi?

—_____

4. —Est-ce que vous vous rasez le samedi matin? (si vous êtes un homme)

—_____

5. —Est-ce que vous vous coiffez soigneusement *(carefully)* le samedi matin?

   _____

6. —À quelle heure est-ce que vous vous habillez le samedi?

   _____

7. —Est-ce que vous vous reposez le samedi matin, ou est-ce que vous travaillez?

   _____

8. —À quelle heure est-ce que vous vous couchez le samedi soir (ou le dimanche matin!)?

   _____

6-16 Bonne résolutions. It's New Year's Day, and you and your friends vow to change many of your old habits.

MODÈLE:　　　(se coucher) Nous allons *nous coucher* plus tôt!

1. (se disputer) Vous n'allez pas _____ avec vos camarades de chambre.

2. (se réveiller) Henri va _____ plus tôt.

3. (s'impatienter) Tu ne vas pas _____ aussi souvent.

4. (se dépêcher) Nous allons _____ de finir nos devoirs.

5. (se promener) Je vais _____ avec mon chien tous les jours.

6-17 Conseils. When confronted with the following situations, you give some good advice.

MODÈLE:　　　Votre copain est très impatient et jamais calme. (s'impatienter; se calmer)
　　　　　　　Ne t'impatiente pas, calme-toi!

1. Les disputes de vos amis Philippe et Solange sont très fréquentes. (se disputer; s'embrasser)

   _____

2. Votre petit frère ne comprend pas les règles de l'hygiène personnelle. (se brosser les dents)

   _____

3. Vos amis sont très anxieux et très stressés avant un examen. (s'énerver)

   _____

4. Vous partez pour un long voyage en voiture et vos parents sont inquiets. (s'inquiéter)

   _____

5. Vous attendez votre camarade de chambre pour sortir au cinéma. (se dépêcher)

   _____

Découvertes

Lecture

6-18 Déménager: une décision difficile. The Moutons, who have two children—Rémi, a teenager, and Brigitte, a nine-year-old, are about to make a major move to another city and to an entirely different type of home and neighborhood. They are leaving an urban city environment for an older home in a more isolated setting. Before reading this passage, try to imagine how each member of the family may be feeling about the move. Will everyone react in the same way? Then read the text, and see if you can identify with the feelings expressed by different family members. How do their reactions and your own compare?

La famille Mouton va quitter le grand appartement du centre-ville pour aller habiter une maison avec un grand jardin dans la banlieue de Lyon. Pour Jean-François Mouton, le père, il n'y pas d'hésitations: une maison au milieu d'un grand jardin, loin du bruit et des problèmes du centre-ville est le
5   choix idéal. Bien sûr, il y a d'assez grosses réparations à faire à la cuisine et dans les salles de bains, et les travaux vont être longs et coûteux. Mais les avantages sont nombreux: La maison a cinq chambres. Jean-François va avoir un bureau pour lui. Il est très content que la maison se trouve assez isolée car il a besoin de calme.
10   Sophie Mouton, sa femme, est moins enthousiaste. Pour elle, cette maison est peut-être très romantique mais pas pratique du tout. Et puis la maison est en trop mauvais état et a besoin de réparations trop importantes. Enfin la maison est grande, mais trop grande, et Sopie ne veut pas passer tout son temps à faire le ménage. Le jardin représente aussi des heures et des heures de travail.
15   Pour Rémi, leur fils de 15 ans, son père a perdu la tête: quitter le centre-ville, c'est fou. D'abord, il n'accepte pas changer de lycée et de perdre ses copains. Il préfère garder sa petite chambre mais pouvoir descendre dans la rue, rencontrer ses copains, traîner dans les magasins de disques et les librairies. La nouvelle maison est tout près d'un stade, mais comme Rémi n'est pas très sportif, ce
20   n'est pas un vrai avantage.
Brigitte a neuf ans, et pour elle cette maison est formidable. Comme il y a beaucoup de place, elle va enfin pouvoir inviter des copines à passer la nuit. Et dans sa chambre du second étage, loin de la chambre des parents, elle va avoir une plus grande impression de liberté (et la possiblité de jouer sa musique très
25   fort!). Et puis, son père a promis d'acheter un chien, un gros chien, son rêve de toujours.

Avez-vous compris? Now read mark the statements **vrai** *(true)* or **faux** *(false)*, and justify your answers.

1.   V   F   The family feels unequivocally positive about the move.

_____

2.   V   F   The house is in move-in condition.

_____

3.   V   F   Both parents are excited about having a large yard.

_____

4.   V   F   Rémi does not see any advantage to the move.

_____

5.   V   F   The house itself does not explain his sister's enthusiasm for the move.

_____

À vos stylos

6-19 Déménager. Imagine that your family is going to move. Tell where you are going and whether you will be living in a house or apartment. Then list the members of your family, and make notes about how each feels about the move. Organize your notes and transform them into complete sentences. What is your conclusion? **La famille est-elle enthousiaste ou a-t-elle des hésitations?**

_____

_____

_____

_____

_____

_____

Dossier 7 *La table*

Cultures en parallèles

7-1 Le moment des repas. Fill in the blanks with the new vocabulary words according to the cues you are given. Then use five words of your choice in a sentence of your own.

1. Ce verbe pronominal est un synonyme de manger: _____ _____.

_____

2. Une _____ explique comment préparer une spécialité culinaire.

_____

3. Quand on ne mange pas assez, on a _____.

_____

4. Quand il fait très chaud on a _____, alors on achète un soda ou une bière.

_____

5. Une alimentation bien équilibrée comprend trois _____ par jour.

_____

6. L'action d'absorber des produits liquides, c'est _____.

_____

Volet 1

Contexte 1. Les courses au supermarché

7-2 Autrement dit *(In other words).* Indicate the food category that includes all the foods mentioned.

MODÈLE:　　　—J'aime le vin, la bière, l'eau minérale et les jus de fruits.
　　　　　　　—Autrement dit, tu aimes *les boissons.*

1. —J'aime le saumon, le thon et la sole.

—Autrement dit, tu aimes _____.

2. —J'aime les carottes, les haricots verts et les tomates.

—Autrement dit, tu aimes _____.

3. —J'aime les croissants, les brioches et les baguettes.

—Autrement dit, tu aimes _____.

4. —J'aime la dinde, le porc et le poulet.

    —Autrement dit, tu aimes _____.

5. —J'aime le pâté, le jambon et le saucisson.

    —Autrement dit, tu aimes _____.

6. —J'aime les kiwi, les cerises et les pommes.

    —Autrement dit, tu aimes _____.

7. —J'aime la glace, le yaourt et le fromage.

    —Autrement dit, tu aimes _____.

8. —J'aime la moutarde et le poivre.

    —Autrement dit, tu aimes _____.

Outil 1. L'article partitif et révision de l'article défini et indéfini

7-3 L'un ou l'autre? Complete the sentences using the definite article (**le, la, l', les**) in general statements or the indefinite article (**un, une, des**) when referring to whole unit(s).

MODÈLE: Voici *une* poire. *Les* poires sont délicieuses en cette saison.

1. Est-ce que tu aimes _____ bière? Moi, je commande toujours _____ bière (ou

    deux!) quand je vais au café.

2. J'ai apporté _____ petit fromage de chèvre *(goat cheese)*. Mais tout le monde n'aime pas

    _____ fromage de chèvre!

3. Pour le dessert, je vais manger _____ banane. Martine, elle, en général, préfère

    _____ glaces.

4. Garçon! _____ café et deux croissants, s'il vous plaît. J'adore _____ café très fort.

5. En général, _____ vin n'est pas très bon pour la santé.

6. —Comme dessert, il y a _____ fruits ou _____ gâteaux. Qu'est-ce que tu vas

    prendre?

    —J'adore _____ fruits. Je vais prendre _____ pomme.

7. —Maman, je voudrais manger _____ yaourt.

    —En bien, comme toujours, _____ yaourt est dans le réfrigérateur.

8. Je n'aime pas beaucoup _____ produits laitiers.

7-4 Chacun a son goût. Fill in the blanks, as you discuss people's tastes and their habits (what they actually eat).

MODÈLE: Moi j'adore *les* fruits. Je prends souvent *un* fruit comme dessert.

1. J'aime _____ produits laitiers, alors je mange _____ fromage tous les jours.

2. Tu ne bois pas _____ champagne, tu détestes _____ alcool.

3. Mon frère ne mange pas _____ bœuf, il préfère _____ porc.

4. Ma cousine adore _____ porc; elle commande toujours _____ jambon quand elle

   va au restaurant.

5. Nous aimons _____ bière, nous ne buvons jamais _____ eau minérale.

6. Vous aimez _____ vin? Prenez _____ vin blanc!

7. Mes parents apportent _____ champagne, ils détestent _____ limonade.

8. Tu n'aimes pas _____ rosbif? Mange _____ poulet!

7-5 Régime végétarien. Indicate whether or not a person who is a vegetarian, never drinks alcohol, and is allergic to dairy products is going to buy the items listed.

MODÈLES: du café? *Elle achète **du** café.*
             du beurre? *Elle n'achète **pas de** beurre.*

1. des légumes? _____

2. de la moutarde? _____

3. du thé? _____

4. du saucisson? _____

5. du bœuf? _____

6. du vin? _____

7. du yaourt? _____

7-6 Au régime! *(On a diet!)* Fill in the missing articles.

Mon frère pense qu'il est trop gros, et il voudrait maigrir. Le matin, il prend _____ (1) café

et _____ (2) fruits. Il ne prend pas _____ (3) pain. À midi, il mange _____ (4)

salade avec _____ (5) jus de citron *(lemon)* comme assaisonnement. Hier soir, il a préparé

_____ (6) poulet rôti (il pense que _____ (7) viande rouge fait grossir) et

_____ (8) légumes frais, et il a bu _____ (9) eau minérale.

Lecture et expression écrite

Volet 2

Contexte 2. Les repas des Rollin

7-7   C'est quel repas? What meal or snack are these French people eating or about to eat?

1.   Il est 16 h, Xavier rentre de l'école: il a faim et demande son _____.

2.   Il est 20 h chez M. et Mme Jopin. C'est le moment du _____.

3.   Entre 12 h et 14 h, on prend le _____.

4.   Il est 7 h 30 du matin, Juliette prépare son _____.

7-8 Le menu parfait. Which menu would you suggest in one of the following situations? Choose among: **un petit dejéuner en hiver, un pique-nique avec des copains, un dejeuner pour une personne qui** *(who)* **se dépèche, un dîner pour des personnes jeunes et très sportives.**

_____

_____

_____

_____

Outil 2. Les verbes **mettre**, **boire** et **recevoir**

7-9 Questions et nouvelles. Complete the sentences below with the appropriate form of one of the verbs listed. You may use the same verb more than once. Be careful! You must choose between present, passé composé, and infinitive forms.

```
boire, mettre, permettre, promettre, recevoir, remettre
```

1.   Je n'ai pas le temps de finir. Tant pis *(Too bad)*! Je vais _____ mes

devoirs à demain!

2.   Hier nous _____ une carte postale de Fatima.

3.   M. et Mme Dupont, _____-vous à votre fille de 13 ans de sortir le soir?

4.   Dans les pays anglo-saxons, on _____ souvent du jus d'oranges au

petit déjeuner.

5.   Est-ce que vous _____ souvent des amis chez vous?

6.   En raison de la neige d'hier, ils _____ la réunion à plus tard.

7. Tout est prêt pour le dîner: Julie a fait la cuisine et Paul _____ la table.

8. Tu ne _____ jamais de lettres parce que tu n'envoies jamais de lettres. C'est simple!

9. Si nous sommes énervés, c'est peut-être parce que nous _____ trop de café.

10. Jacques n'est pas très sincère: il _____ toujours beaucoup mais il ne réalise pas ses promesses (promises).

Volet 3

Contexte 3. Le gros marché du samedi

7-10 Phrases utiles. Amidst all the activity at the open-air market, many vendors and customers are saying the same thing. Match the expressions that are synonymous.

_____ 1. De rien, Madame.

_____ 2. Je voudrais des cerises, s'il vous plaît.

_____ 3. C'est un prix très raisonnable.

_____ 4. Vous désirez autre (other) chose?

_____ 5. Vous ne voulez rien d'autre?

_____ 6. C'est combien?

a. Ce sera tout?

b. Il n'y a pas de quoi, Madame.

c. C'est une bonne affaire.

d. Donnez-moi des fruits, s'il vous plaît.

e. Ça fait combien?

f. Et avec ça?

7-11 Un peu de logique! Number the sentences 1 to 10 in order to reconstitute what was a logical exchange at the **crémerie** (dairy store).

_____ Mais, bien sûr, Madame. Ils sont arrivés ce matin même! Vous voulez autre chose?

_____ Voilà, Madame.

_____ Bonjour, Madame! Vous désirez?

_____ Merci, Madame. Et voici votre monnaie.

_____ 250 grammes de beurre, s'il vous plaît.

_____ Ça fait 58 francs, Madame.

_____ Merci. Pas aujourd'hui. Je vous dois combien?

_____ Au revoir, Madame. Bonne journée!

_____ Très bien, Madame. Il est très bon, sans trop de sel. Et avec ça?

_____ Six yaourts. Ils sont bien frais?

Outil 3. Expressions de quantité

7-12 Illustrations. Complete the captions for each drawing by using the appropriate quantity expression.

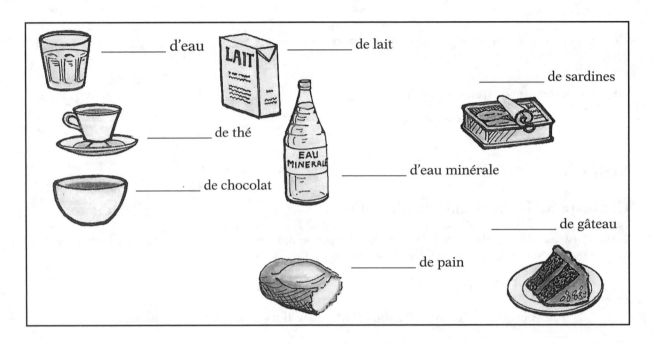

_____ d'eau

_____ de lait

_____ de sardines

_____ de thé

_____ d'eau minérale

_____ de chocolat

_____ de gâteau

_____ de pain

7-13 Vos habitudes alimentaires. Describe your tastes and eating habits, indicating the quantities you consume. Choose from among the following expressions, if appropriate:

beaucoup de / peu de / trop de / beaucoup trop de / assez de / pas assez de / des kilos de /

des boîtes de / des litres de / un verre de

MODÈLE: (fruits)
            J'aime les fruits. Je mange **beaucoup de** pommes et de bananes, mais je ne mange **pas**
            assez _d'oranges._

1.   (produits laitiers) _____

_____

_____

2.   (boissons alcoolisées) _____

_____

_____

3. (légumes) _____

_____

_____

4. (poisson, viande) _____

_____

_____

7-14 Conseils de diététique. Fill in the blanks with an article or **de**.

MODÈLE: Le lait apporte *du* calcium. Il faut boire beaucoup *de* lait ou manger pas mal *de* fromage.

1. _____ légumes sont indispensables pour apporter _____ vitamines. Mangez

_____ légumes, beaucoup _____ légumes. _____ légumes—haricots verts,

tomates, carottes, salade—ne font pas grossir.

2. _____ viande ou _____ poisson sont indispensables. Attention! _____

viande rouge est parfois trop riche. Si vous êtes au régime, mangez plus _____ poisson

ou plus _____ poulet.

3. _____ lait est riche en calcium. Mangez _____ fromage ou _____ yaourt si

vous n'aimez pas _____ lait.

4. Pour _____ dessert, préférez _____ fruits aux pâtisseries. _____ sucre n'est

pas toujours votre ami!

5. Ne mangez pas entre _____ repas. Prenez un bon petit déjeuner, un déjeuner et un dîner.

Et buvez huit grands verres _____ eau.

Volet 4

Contexte 4. Un dîner bien réussi

7-15 Un peu d'ordre, s'il vous plaît! Below are all the components of a dinner **à la française**. Indicate in which order you would serve the different courses.

_____ Salade verte de saison

_____ Melon au porto

_____ Crème caramel

_____ Dinde aux champignons, avec riz camarguais et haricots verts

_____ Plateau de fromages

_____ Café de Colombie

7-16 Savoir-vivre. What do you say in the following circumstances? You may think of alternative ways to say the same things.

1. Vous avez besoin de poivre.

a. _____

b. _____

2. Vous voudriez offrir encore de la salade à vos invités.

a. _____

b. _____

3. Votre hôtesse vous offre encore du fromage, mais vous n'en voulez plus.

a. _____

b. _____

4. Vous voulez complimenter vos hôtes sur l'excellent repas qu'ils viennent de vous servir.

a. _____

b. _____

5. Le repas est fini et vous invitez tout le monde à quitter la table.

_____

7-17 On met la table. Ask a friend to lend a hand by setting the table. You may want to check the illustration for **Contexte 4** in your textbook.

Est-ce que tu veux bien mettre la table? Ne mets pas la _____ (1) blanche, elle est

trop petite. Prends la bleue, j'ai des _____ (2) bleues et blanches qui vont aller très

bien avec. On va commencer par une soupe de poisson, donc n'oublie pas les

_____ (3) à soupe. Les couverts sont dans le tiroir du buffet. La

_____ (4) va à gauche, bien sûr, mais rappelle-toi de tourner les dents contre la

table. À droite, tu mets le _____ (5) et la _____ (6) à soupe. Et

puis sors tout de suite deux petits _____ (7)—un pour le fromage, l'autre pour les

fruits—entre le _____ (8) et l' _____ (9). Voyons... Oh, quel

dommage! Je n'ai pas eu le temps d'acheter des _____ (10) pour faire un bouquet,

mais ça va faire une jolie table quand-même, n'est-ce pas?

Outil 4. Les verbes pronominaux au passé composé

7-18 Une interview importante. Give details on Charlotte's morning preparation as she readies herself for a job interview.

MODÈLE: (se réveiller, très tôt) *Elle s'est réveillée très tôt.*

1. (se lever, tout de suite) _____

_____

2. (se laver, avec rapidité) _____

_____

3. (s'habiller, d'une manière assez conservatrice) _____

_____

4. (se coiffer, avec soin) _____

_____

5. (se regarder dans le miroir) _____

_____

6. (ne pas, se dépêcher) _____

_____

7-19 Vacances en famille. At times it may be stressful to spend vacations with family members, but all in all things went well the last time you did it.

MODÈLE: (s'amuser bien)
            Pendant nos dernières vacances en famille, *on s'est bien amusé.*

1. (s'énerver) Parfois, nos parents _____.

2. (s'impatienter) Parfois aussi, les petits _____.

3. (ne... pas / se lever trop tard) Ma sœur _____.

4. (se disputer une fois) Mon frère et moi _____.

5. (se détendre) En général, la famille _____.

6. (se reposer) Nos parents _____.

7. (bien se passer) Et pour vous, est-ce que vos vacances _____?

Découvertes

Lecture

7-20 Changements d'habitudes: le temps passé à table. This reading discusses the decreasing amount of time the French devote to meals. It relies heavily on comparative statistics to make key points. When you skim this passage a first time, underline every statistic that comes to your attention. Then reread it a second time, considering carefully the comparisons that are being made with the figures you have underlined. By then, you should have a pretty good grasp of the main points, and you should be well prepared to analyze the author's conclusions.

Le temps consacré aux repas diminue

En 1965 les Français passaient en moyenne deux heures à table; aujourd'hui, ils y passent une heure vingt minutes. Cette diminution concerne surtout le déjeuner et le dîner, qui durent en moyenne 33 et 38 minutes. Les déjeuners pris à l'extérieur durent aussi moins longtemps: 27 minutes en moyenne pour
5   l'ensemble des Français. À l'inverse, le petit déjeuner reprend de l'importance. En effet on consacre aujourd'hui en moyenne 10 minutes au petit déjeuner (5 minutes suffisaient° en 1965!   *were enough*
Cette évolution se comprend par un désir de ne pas perdre de temps. La généralisation de la journée continue (finie la pause de deux heures pour le
10   déjeuner!) et le travail des femmes ont eu une grande influence. Le temps de préparation des repas a aussi diminué: la moyenne est aujourd'hui de 30 minutes par jour. La généralisation des congélateurs et des fours à micro-ondes a permis° à la maîtresse de maison de gagner du temps   *allowed*
dans la cuisine.

(Source: Gérard Mermet: *Francoscopie 1999. Comment vivent les Français.* Larousse, 1998, p. 183)

Avez-vous compris?

1. Begin by filling in the information requested below:

	YESTERDAY	TODAY
average time spent at meals		
average time spent at breakfast (at home)		
average time spent at lunch (at home)		
average time spent at dinner (at home)		
average time spent at meals (outside the home)		

2. Now list the three reasons given for the changes noted in 1.

a. _____

b. _____

c. _____

3. According to this article, what modern appliances influence meal preparation?

_____

4. How would you explain the breakfast statistics, which go against the trend for other meals?

_____

À vos stylos

7-21 Critique gastronomique. You have been asked to write an article critiquing the school cafeteria. Follow the approach outlined in your book. First decide which points you want to address, take notes, and organize them to make a coherent paragraph. Then add details to make your conclusions more convincing.

_____

_____

_____

_____

_____

_____

Dossier 8 *La famille et le calendrier*

Cultures en parallèles

8-1 C'est personnel! Indicate some dates that are significant for you, and tell why you are mentioning them. **(C'est un jour férié, une célébration familiale, nationale ou religieuse? votre anniversaire ou l'anniversaire d'un copain? un anniversaire spécial? la date des vacances ou des examens?)**

MODÈLE: *Le 7 mai, c'est mon anniversaire et le 8 mai, c'est l'examen final de français! C'est terrible!*

_____

_____

_____

_____

Volet 1

Contexte 1. Un calendrier chargé!

8-2 Projets de vacances. Write five sentences about your summer vacation plans using Dominique and Florence's conversation as a model. Indicate what you will be doing or whom you will be with on specific dates.

MODÈLE: *En mai, je vais dans ma famille. Le 2 juin, je pars en Europe avec des amis. Du 3 au 10, nous allons être à Paris, etc.*

1. _____

2. _____

3. _____

4. _____

5. _____

Outil 1. Les nombres de 100 à un milliard

8-3 Dates. Write out the following dates.

1776 _____

1861 _____

1918 _____

1945	
1969	
1976	
1980	
1991	
1999	
2001	

Volet 2

Contexte 2. Familles et modernité

8-4 L'arbre généalogique de la famille Lambert. Indicate whether or not the statements below are **vrai** *(true)* or **faux** *(false)*. When false, make the necessary corrections.

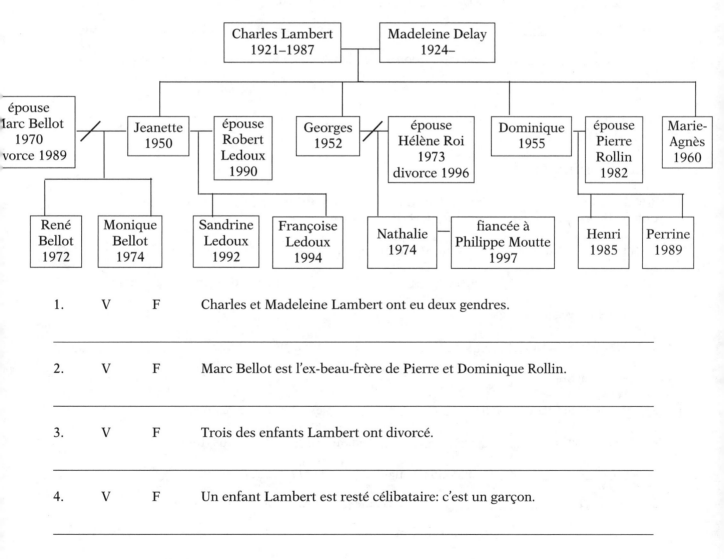

1.   V   F   Charles et Madeleine Lambert ont eu deux gendres.

_____

2.   V   F   Marc Bellot est l'ex-beau-frère de Pierre et Dominique Rollin.

_____

3.   V   F   Trois des enfants Lambert ont divorcé.

_____

4.   V   F   Un enfant Lambert est resté célibataire: c'est un garçon.

_____

5.   V   F   Madeleine Lambert a une ex-belle fille, mais elle n'a pas de belle-fille.

_____

6.   V   F   René et Monique Bellot ont un beau-père mais pas de demi-frère.

_____

7.   V   F   Marie-Agnès Lambert est la tante de douze neveux et nièces.

_____

8-5 Avez-vous compris? Complete this description of the Lambert family.

Dans l'arbre généalogique des Lambert, _____ (1) générations sont représentées.

C'est une famille assez nombreuse. En tout, aujourd'hui il y a _____ (2) personnes.

Charles Lambert était le _____ (3) de Pierre Rollin et le _____ (4)

d'Henri et Perrine Rollin. Charles et Madeleine ont eu _____ (5) enfants:

_____ (6) fils et _____ (7) fille(s).

Nathalie est la _____ (8) de Dominique et Pierre Rollin et Philippe est leur futur

_____ (9). Jeanette Ledoux ex-Bellot, Hélène Roi-Lambert et Marie-Agnès

Lambert sont ses _____ (10); Pierre Rollin et George Lambert sont

ses_____ (11).

Outil 2. L'imparfait I

8-6 Autrefois (*In days gone by*). A friend is talking about her family members in years past.
Complete her sentences, using the **imparfait**, of course.

MODÈLE: Autrefois, mes parents (prendre) *prenaient* beaucoup de photos.

1. Autrefois, mes sœurs (manger) _____ beaucoup de viande, mais maintenant

    elles sont végétariennes.

2. Quand nous (être) _____ au lycée, nous ne (travailler) _____

    pas beaucoup.

3. Ma cousine Claire (passer) _____ les vacances avec nous.

4. Quand vous (être) _____ étudiant(e), est-ce que vous (réfléchir)

    _____ beaucoup au sujet de l'avenir *(the future)*?

5. Quand j'(être) _____ à l'école primaire, mon chien m'(attendre)

    _____ toujours devant l'école.

6. Quand mes grands-parents (être) _____ vivants, nous (faire)

_____ beaucoup de voyages ensemble.

7. Quand ma sœur (avoir) _____ seize ans, elle (commencer)

_____ un nouveau régime toutes les semaines. Maintenant, elle est plus

raisonnable.

8. Quand tu (être) _____ adolescent(e), est-ce que tu (se disputer)

_____ souvent avec tes parents?

8-7 Ma vie de lycéen(ne). When you were in high school, your schedule was certainly very different from what it is now. Write six sentences to describe your activities during a typical day of your senior year.

MODÈLE: *Quand j'étais au lycée, je me levais à 6 h 30, je prenais une douche, etc. Le soir, je ne sortais pas souvent... Le week-end, mes amis et moi, nous faisions du sport.*

1. _____

2. _____

3. _____

4. _____

5. _____

6. _____

Volet 3

Contexte 3. Le calendrier familial

8-8 Traditions familiales. Describe a family tradition that you and your family always celebrated over the years in the same manner. Try to reuse words and phrases from the **Contexte**, as appropriate.

Chez nous *(date or event)* _____ était toujours une journée spéciale.

Chaque année _____

_____

_____

_____

_____

Lecture et expression écrite

Outil 3. L'imparfait II

8-9 Précisions. Answer the questions to relate what usually happened during your birthday celebrations in high school.

MODÈLES: D'habitude est-ce que vous vous amusiez bien?
                    *Oui, d'habitude **je m'amusais** bien.*
      ou: *Non, en général, **je détestais** les fêtes.*

D'habitude est-ce que...

1.   vous receviez des cadeaux ou de l'argent *(money)*?

_____

2.   vous vous retrouviez toujours au restaurant ou chez des amis?

_____

3.   vous réunissiez la famille ou juste la famille proche *(immediate family)*?

_____

4.   vous invitiez toute l'école?

_____

5.   vous aviez un gâteau?

_____

6.   vous souffliez des bougies?

_____

7.   vous jetiez des serpentins?

_____

8.   vous dansiez toute la nuit?

_____

Volet 4

Contexte 4. Autour du calendrier

8-10 Un peu de logique! Number the sentences to reconstruct a logical dialogue during which permission is asked for and given under certain conditions.

_____ On veut écouter de la musique et danser.

_____ Mais bien sûr. Quelle fête est-ce que tu veux faire?

_____ Quand est-ce que Papa et toi devez partir en voyage?

_____ C'est l'anniversaire de Max. Est-ce que je peux inviter des copains dans l'appartement?

_____ Nous devons partir le week-end prochain. Pourquoi?

_____ D'accord, mais tu dois prévenir *(to warn)* les voisins et arrêter la musique après minuit.

Outil 4. Les verbes **vouloir, pouvoir** et **devoir**

8-11 Conjugaison

A. Même situation, différents personnages *(characters)*. Rewrite the dialogue from the **Contexte**, with different actors. Use the present tense.

—Est-ce qu'on (pouvoir) _____ (1) sortir avec des copains ce soir?

—Pour faire quoi?

—Nous (vouloir) _____ (2) assister ensemble au feu d'artifice!

—D'accord, mais toi et tes copains vous (devoir) _____ (3) rentrer avant minuit.

—Pourquoi pas un peu plus tard? Une heure du matin? Tous mes copains vouloir

_____ (4) aussi danser sur la place du village.

B. On a très bien fait. Now rewrite the text to discuss a past occurrence. Use the **passé composé**.

Pour préparer un anniversaire, ses copains (vouloir) _____ (1) se partager

les tâches. Moi et Mélanie, nous (devoir) _____ (2) ranger la maison.

Julien a demandé de l'argent aux copains et il (pouvoir) _____ (3) acheter

un cadeau super.

C. Reproches familiaux. Now explain that your behavior is different from what is was in the past, because circumstances used to be different. Use the **imparfait**.

—Tu ne viens pas faire du ski? Mais d'habitude tu (vouloir) _____ (1) venir faire

du ski avec nous.

—D'habitude, moi et mes amis nous (ne... pas, devoir) _____ (2) travailler

autant *(as much)*!

—D'habitude les membres de ta famille (pouvoir) _____ (3) compter sur

toi!

8-12 Pêle-mêle *(Pell-mell)*. Complete the sentences with an appropriate form of **pouvoir**, **vouloir**, or **devoir**.

1. Nous _____ *(présent, négatif)* aller au cinéma avec vous, nous

    _____ *(présent)* étudier pour notre examen et nous

    _____ *(présent)* finir ce soir.

2. Martine _____ *(passé composé, négatif)* rendre visite à sa cousine. Elle

    _____ *(passé composé)* travailler toute la soirée parce qu'elle

    _____ *(présent)* gagner plus d'argent.

3. Tu _____ *(présent)* maigrir? Tu _____

    (présent) suivre un régime et faire du sport.

4. Vous _____ *(présent)* venir à la piscine avec nous?—Je voudrais bien,

    mais je _____ *(présent, négatif)*, je _____

    (présent) aller chez le dentiste!

5. Mes voisins _____ *(imparfait)* venir au concert avec nous. Mais ils

    _____ *(passé composé)* partir pour Chicago: leur grand-mère est morte

    et ils _____ *(présent)* être présents pour les funérailles.

Découvertes

Lecture

8-13 Introduction à la vie américaine: Memorial Day. Use the title of this reading as well as the English langauge references in the text itself to guide your comprehension. Since the American holiday Memorial Day is already a familiar one and the references in the text give clues to its particular focus, you should be able to follow the introduction, aimed at French speakers, with ease.

À partir de 1868, pour commémorer les morts de la guerre de Sécession, une journée de recueillement leur fut consacrée, le 30 mai, dans la plupart des États-Unis. On l'a d'abord appelé **Decoration Day**; c'est maintenant **Memorial Day**. Cette date a été, pendant cinquante ans, la fête de la réconciliation entre le
5   Nord et le Sud, **the Blue and the Grey**. Elle est devenue non seulement une cérémonie à la mémoire de tous les soldats de toutes les guerres, mais aussi la fête de tous les morts, un peu comme la Toussaint chez nous.

        Les cérémonies du **Memorial Day** sont donc empreintes d'un caractère sombre et solennel. Dans les villages, les habitants défilent derrière les anciens
10   combattants et vont porter des fleurs et des petits drapeaux sur les tombes des soldats. Le pasteur (ou le curé) fait l'éloge des défenseurs de la patrie tombés au champ d'honneur. La trompette sonne la sonnerie aux morts («**Taps**»), l'assistance chante un cantique («**Onward, Christian Soldiers**» ou «**Nearer, my God, to Thee**»), une garde d'honneur tire une salve pour
15   honorer les morts et la foule se disperse après la bénédiction.

        Memorial Day est aussi une fête familiale à l'occasion de laquelle les membres dispersés de la famille se retrouvent. Les routes et les transports publics sont donc très encombrés car le week-end de **Memorial Day** est aussi le premier grand week-end de printemps. [...] Dans les discours et les sermons
20   de cette semaine, on fait, d'ailleurs très souvent allusion au symbolisme des saisons. L'hiver évoque les morts glorieux qui rendent possible la saison des fleurs et des fruits. Les vivants ont donc le devoir de justifier le service des soldats.

(Source: d'après M. Rezé et R. Bowen, *Introduction à la vie américaine*. Paris: Masson, 1994)

Avez-vous compris? Now answer these questions.

1. What is your understanding of the expression **une journée de recueillement**?

_____

2. Why is the French holiday **Toussaint** mentioned in the text?

_____

3. Give an idiomatic translation of the following expressions:

anciens combattants _____

faire l'éloge _____

tirer une salve _____

Lecture et expression écrite

4. What is the parallel drawn between the season and the ceremonies of Memorial Day?

_____

5. In your opinion, does this excerpt give French readers an accurate and good description of Memorial Day? Why or why not?

_____

_____

_____

À vos stylos

8-14 Une nouvelle fête. Suggest a holiday for inclusion on the calendar. Decide what event this day will commemorate or celebrate, and why. When should it be celebrated and in what manner? Follow the procedure outlined in your textbook; first gather your thoughts and take notes, then select and organize the points you want to discuss, and turn your notes into complete sentences. Be sure to have introductory and concluding sentences.

_____

_____

_____

_____

_____

_____

Dossier 9 *Les années de lycée*

Cultures en parallèles

9-1 Souvenirs du lycée. What was your high school like? Was it a big urban school or a small rural school? Describe briefly its physical characteristics, writing a sentence about each aspect.

Le bâtiment lui-même: _____

_____

Les cours de récréation: _____

_____

Les salles de classes: _____

_____

Les laboratoires: _____

_____

Les installations sportives: _____

_____

La cafétéria: _____

_____

Les clubs: _____

_____

Votre impression générale: _____

_____

Volet 1

Contexte 1. Je me souviens...

9-2 Encore des souvenirs. Fill in the blanks with the appropriate words from the list to complete the narration about Julien's years at the **lycée**.

bulletin / difficultés / distinguer / emploi / facultative / matière / prenais / souvenirs / suivre / vie

Non, je n'ai pas de bons _____ (1) du lycée. En terminale, j'ai eu beaucoup de

_____ (2) avec la physique. Je ne voulais pas _____ (3) ce

cours, mais c'était une _____ (4) obligatoire! Mon _____ (5)

de notes indique bien que j'étais nul! En philo, je ne _____ (6) pas beaucoup de

notes quand le prof parlait: c'était très difficile de _____ (7) l'essentiel! Je

voulais continuer à étudier le latin en option _____ (8), mais mon

_____ (9) du temps était trop chargé! Ah, la _____ (10) de

lycéen, l'année du bac, c'était pas facile!

9-3 Remarques personnelles. You have studied Patrick's weekly schedule. Now, discuss your own high school schedule.

1. Quand j'étais lycéen(ne), j'aimais bien les cours d(e) _____.

2. On ne pouvait pas étudier le/la/les _____ dans mon lycée.

3. Je n'ai jamais suivi un cours de _____.

4. Quand j'étais au lycée, je détestais le/la/les _____.

5. Dans mon lycée, le/la/les _____, étai(en)t une matière obligatoire.

   Le/La _____ était une matière facultative.

6. Le/La/Les _____ étai(en)t toujours assez difficile(s) pour moi.

7. En ce qui concerne les langues, dans mon lycée on pouvait étudier l(e)

   _____, mais pas _____.

8. Quand j'étais au lycée, mon prof d(e) _____ était très sympathique.

9. Beaucoup d'élèves n'aimaient pas beaucoup le prof d(e) _____.

10. En conclusion, mes souvenirs du lycée sont _____.

Outil 1. Les verbes **connaître, savoir** et **suivre**

9-4 On sait tout! *(We know everyone and everything!)* People are boasting that they know everyone and everything. Write their two-part statements, using first a form of the verb **connaître** and then of the verb **savoir**.

MODÈLE: (nous / Jean-Marc; âge)
                 *Nous **connaissons** bien Jean-Marc; nous **savons** son âge.*

1.   (je / Hugo; son adresse par cœur [*by heart*]) _____

_____

2.   (nous / le nouveau prof; où le trouver [*find him*] après les cours) _____

_____

3.   (tu / cette musique; pourquoi elle a du succès parmi les jeunes) _____

_____

4.   (elle / l'Afrique; beaucoup de choses sur ce continent) _____

_____

5.   (ils / Marc; quand il est arrivé ici) _____

_____

9-5 Études et autres choses. Write the correct form of the appropriate verb. Decide whether to use the present, **le passé composé**, the imperative, or the infinitive.

1.   Combien de cours est-ce que vous allez _____ ce semestre?

2.   Mes parents voudraient visiter la France, mais ils ne _____ pas parler

français.

3.   Quand j'étais au lycée, je/j' _____ un prof formidable.

4.   Hier, mes voisins _____ qu'ils allaient déménager.

5.   Il ne te téléphone pas parce qu'il ne _____ pas ton numéro de téléphone.

6.   Tu _____ régulièrement la politique européenne?

7.   Parents, soyez de bons parents et _____ écouter vos enfants!

8.   Nous adorons faire de la danse! Le trimestre dernier, nous _____ un cours de

danse.

9.   Nous n'avons pas l'adresse de Jean-Pierre. _____-vous où il habite?

10. Étudiez votre leçon et _____ vos verbes!

Volet 2

Contexte 2. Tu m'aides un peu?

9-6 Synonymes. Find the equivalent of each numbered statement in the lettered column.

_____ 1. Ça m'arrange.

_____ 2. Je peux faire cela.

_____ 3. Je dois filer maintenant.

_____ 4. J'ai besoin d'un peu d'aide, s'il te plaît.

_____ 5. Je suis libre.

_____ 6. Est-ce que tu penses que...?

_____ 7. C'est impossible!

_____ 8. Je t'assure que si.

a. Bien sûr que si.

c. J'ai du temps.

d. C'est très bien pour moi.

e. Moi, j'accepte de le faire.

f. Non! Non et non!

g. Un petit service, s'il te plaît.

h. Excusez-moi, on m'attend.

i. À ton avis...?

Outil 2. Les pronoms compléments d'objet direct

9-7 Ah! Mais bien sûr. In order to appear interested, you echo the last statement of the person you are talking with.

MODÈLES: —J'adorais **les sports**!
—*Ah! **Tu les** adorais!*
—Mes copains **me** respectaient.
—*Ah! Ils **te** respectaient!*

1. —J'aimais **les maths**.

—_____

2. —Je respectais **mes professeurs**.

—_____

3. —Mes camarades **m'**aimaient bien.

—_____

4. —Je savais toujours **ma leçon**.

—_____

5. —Je faisais toujours **mes devoirs**.

—_____

6. —Mes copains **m**'invitaient souvent.

—_____

7. —Les plus petits **m**'admiraient.

—_____

9-8 Plus tard! Asked when you are going to do certain things, you answer that you are going to do them later!

MODÈLES: —Vous achetez **le livre** maintenant?
             —Nous _allons l'acheter plus tard_.
             —Tu **me** retrouves à la bibliothèque?
             —Oui, je **te** _retrouve à la bibliothèque plus tard_.

1. —Tu **m**'aides en maths maintenant?

   —Je _____.

2. —Vous apprenez **les verbes** tout de suite?

   —Nous _____.

3. —Tu passes **l'examen** aujourd'hui?

   —Je _____.

4. —Tu **nous** retrouves dans la salle d'études à l'instant?

   —Je _____.

5. —Vous remettez **vos compositions** immédiatement?

   —Nous _____.

6. —Je **t**'aide avec l'anglais maintenant?

   —Tu _____.

Lecture et expression écrite   **163**

9-9 De mauvaise humeur! You are in a bad mood, and your answer is always no!

MODÈLE: —Vous voulez regarder **ce film**?
                 —Non, nous *ne voulons pas **le** regarder!*

1. —Tu aimes apprendre **les verbes** par cœur?

 —Non, je _____!

2. —Il aime écouter **son prof**?

 —Non, il _____!

3. —Vous aimez **m'**aider avec mon français?

 —Non, nous _____!

4. —Ils aiment étudier **la poésie française**?

 —Non, ils _____!

9-10 Interrogatoire! Answer the questions, three positively and three of them negatively.

MODÈLES: —Tu viens d'**apprendre** le poème par cœur?
              —*Oui, je **l'ai appris** par cœur. /* —*Non, je **ne l'ai pas appris** par cœur.*
              —Il vient de **vous aider**?
              —*Oui, il **nous a aidé(e)s**. / Non, il **ne nous a pas aidé(e)s**.*

1. —Vous venez de **remettre les devoirs**?

 —_____, nous _____.

2. —Ton prof vient de **noter ta présentation**?

 —_____, il _____.

3. —Ton frère vient de **nous appeler**?

 —_____, mon frère _____.

4. —Ton frère vient de **finir sa dissertation**?

 —_____, il _____.

5. —Vous venez d'**acheter le livre**?

 —_____, nous _____.

6. Marc et Paul, vos copains viennent de **vous inviter**?

 —_____, ils _____.

9-11 Des projets. Your friends ask if you want to participate in various activities. Half the time your answer is yes, half the time your answer is no.

MODÈLES: —On regarde **le film**?
                        —*Oui, regardons-le!* / —*Non, ne **le** regardons pas!*
                        —Je **t'**invite au café?
                        —*Oui, invite-**moi**!* / —*Non, ne **m'**invite pas!*

1.   —Je **te** présente au nouveau prof?

—_____

2.   —Je regarde **ton mémoire**?

—_____

3.   —Je vous attends, **toi et Suzanne**?

—_____

4.   —Nous **t'**appelons ce soir?

—_____

5.   —Nous écoutons **la cassette**?

—_____

6.   —J'invite **tes copains** à notre concert?

—_____

7.   —On attend **les résultats** ensemble?

—_____

8.   —Je corrige **ta rédaction**?

—_____

9.   —On finit **nos devoirs** maintenant?

—_____

Volet 3

Contexte 3. Le jour du bac

9-12 Actions et circonstances. On the basis of the information in the **Contexte**, match each action in the left-hand column with the appropriate related circumstance from the right-hand column.

_____ 1. Je me suis levé très tôt.

_____ 2. Je n'ai pas pu prendre mon petit déjeuner.

_____ 3. Je suis parti avec mon copain Julien et son père.

_____ 4. Le père de Julien nous a laissés en avance devant le lycée.

_____ 5. Nous sommes allés dans un petit café.

_____ 6. Nous avons rencontrés d'autres copains.

_____ 7. Au retour, Julien et moi, nous nous sommes arrêtés dans un magasin de disques.

_____ 8. Le soir, nous sommes allés chez Charlotte.

a. Il y avait une grande fête pour marquer la fin de l'examen.

b. Je ne me sentais plus du tout nerveux.

c. L'examen avait lieu loin de mon quartier.

d. Le père de Julien était notre chauffeur.

e. Nous étions contents d'arriver tôt pour repérer notre salle.

f. Il pleuvait un peu.

g. Les portes du lycée étaient fermées.

h. Vraiment, je n'avais pas faim!

Outil 3. La narration au passé: l'imparfait vs. le passé composé

9-13 Faits-divers. Read the newspaper accounts below, and give a reason why the **imparfait** or the **passé composé** is used in each case. Select *B* (background information or ongoing action in the past) or *N* (narration of a past action, an action in a series, or an interruption to an ongoing action).

MODÈLE: Ce matin à 9 h 15, il y avait *B* (1) un brouillard épais sur toute la ville et on a compté *N* (2) de nombreux accidents.

A. Ce matin à 9 h 15, il y avait _____ (1) un brouillard épais sur toute la ville et on a compté _____ (2)

de nombreux accidents. Une automobile a renversé _____ (3) un jeune lycéen qui traversait _____ (4)

la rue devant le lycée Hugo. Très vite, la police a arrêté *(arrested)* _____ (5) le conducteur de la voiture

qui *(who)* cherchait _____ (6) à s'enfuir *(flee)* à pied.

B. Hier la première réunion du ciné-club a eu lieu _____ (1). La salle Jean Moulin était _____ (2)

pleine! D'abord, une centaine de personnes ont entendu _____ (3) le président qui *(who)* a

présenté _____ (4) le programme de l'année. Puis on a montré _____ (5) un court-métrage de

science-fiction. Enfin le jeune cinéaste qui était _____ (6) présent dans la salle a discuté _____ (7)

son film avec un public enthousiaste.

C. Hier après-midi, une Peugeot verte a disparu _____ (1) en plein jour. La voiture était _____ (2) en

stationnement devant le café du Commerce. La police a interrogé _____ (3) les consommateurs qui

(who) étaient _____ (4) à la terrasse, mais n'a pas obtenu _____ (5) de renseignements précis. On n'a

toujours pas retrouvé _____ (6) la voiture, qui appartenait _____ (7) à Juliette Morini.

9-14 Une belle peur *(A big scare)*. First read the text in the left column in its entirety. Then rewrite it in the past tense, inserting the correct form of the verb in boldface.

AUJOURD'HUI	HIER
Anne (1) **regarde** la télé quand,	1. _____
soudain, elle (2) **entend** une voiture.	2. _____
D'abord, la voiture (3) **s'arrête** devant l'immeuble.	3. _____
Puis, Anne (4) **va** à la fenêtre,	4. _____
parce qu'elle (5) **est** curieuse.	5. _____
Alors, elle (6) **observe** une personne sortant *(leaving)* de la voiture.	6. _____
La personne (7) **est** très grande.	7. _____

Lecture et expression écrite   **167**

Brusquement, elle (8) **se dirige** vers la maison.   8. _____

Alors Anne (9) **reconnaît** son frère, Arthur!   9. _____

Vite, elle (10) **descend** lui ouvrir la porte.   10. _____
Quelle bonne surprise!

Volet 4

Contexte 4. Un vrai cancre?

9-15 Autocritique. Analyze honestly your behavior, study your answers, and draw your own conclusion on whether or not you yourself might also be labeled **un vrai cancre**.

		SOUVENT	PARFOIS	JAMAIS
1.	Vous êtes extrêmement indépendant(e).	_____	_____	_____
2.	Vous séchez certains cours.	_____	_____	_____
3.	Vous ne passez pas les examens.	_____	_____	_____
4.	Vous avez la moyenne.	_____	_____	_____
5.	Vous rêvez pendant les cours.	_____	_____	_____
6.	Vous dormez pendant les cours.	_____	_____	_____
7.	Vous êtes poli(e) et gentil(le).	_____	_____	_____
8.	Les profs vous laissent tranquille.	_____	_____	_____
9.	Vous posez des questions.	_____	_____	_____
10.	Vous partagez vos bonnes idées.	_____	_____	_____
11.	Vous participez aux discussions.	_____	_____	_____
12.	Vous prenez des initiatives.	_____	_____	_____

13. Conclusion: À mon avis, je suis/je ne suis pas un vrai cancre parce que _____

_____

_____

_____

Outil 4. **Depuis, pendant** et **il y a**

9-16 Une enquête *(A survey).* Answer yet another survey for the University Information Center.

1. Quand avez-vous commencé à apprendre le francais?

_____

2. Alors, depuis combien de temps l'étudiez-vous?

_____

3. Depuis quand êtes-vous à l'université?

_____

4. Quand avez-vous décidé de faire des études universitaires?

_____

5. Quand est-ce que ce semestre/trimestre a commencé?

_____

6. Pendant combien de temps avez-vous étudié le week-end passé?

_____

7. Et combien de temps étudiez-vous chaque jour pendant la semaine?

_____

8. Depuis combien de temps habitez-vous à votre adresse actuelle *(current)*?

_____

Découvertes

Lecture

9-17 Comment m'organiser mieux? You are in college, and you are involved with sports, do volunteer work, have a job, and still get very good grades! You probably have already learned how to manage your time. But can you learn some new tricks from a French magazine? Read the text, and see if the suggested strategies appeal to you.

Conseils: Une seule solution: pla-ni-fiez

1. Votre outil principal: l'agenda. Vous allez l'ouvrir vingt à trente fois par jour... alors prenez le temps de le choisir solide et adapté à votre manière de travailler: préférez-vous visualiser les journées, les semaines? Prenez l'habitude de vous préparer un planning mensuel, en indiquant vos plages de temps libre, vos activités extra-scolaires.

2. N'hésitez pas à utiliser les surligneurs fluos pour repérer les différents types de travail: révisions, exercices ponctuels, lectures à faire, travaux de groupes, renseignements à trouver ou à demander.

3.   Essayez de varier les plaisirs: intercalez la demi-heure de saxo entre la révision du contrôle d'histoire et la préparation de la disserte de français.

4.   Numérotez les tâches par ordre de priorité et, chaque fois que vous en finissez-une, cochez-la sur votre liste.

5.   Et puis soignez le décor: un coin travail bien rangé, ou plutôt bien organisé est un gain de temps énorme.

(Source: d'après *Phosphore*, October 1996, N° 186, pp. 24–27.

Avez-vous compris?

1.   Summarize in a few words the five strategies outlined.

a. _____   d. _____

b. _____   e. _____

c. _____

2.   Paying close attention to the context, guess the translation for the following expressions:

planifiez   _____

plages de temps libre   _____

les surligneurs fluos   _____

varier les plaisirs   _____

chaque fois que vous en finissez une _____

soignez le décor   _____

3.   What is your opinion of the column? Justify your answer.

_____

_____

À vos stylos

9-18 Un prof mémorable. Write the portrait of a high school teacher you remember. Decide which teacher you would like to write about. Determine what your focus will be: will you write a sympathetic recollection or a more probing portrait, for example? Make notes and organize your ideas to create a coherent presentation. Develop your ideas using complete sentences. Be sure to include an introductory and a concluding sentence.

_____

_____

_____

_____

_____

_____

_____

_____

_____

Dossier 10 *À la fac!*

Cultures en parallèles

10-1 Votre université. Answer the following questions about your college or university.

1. Votre université dépend de quelle(s) autorités: publique(s) ou privée(s)?

    _____

2. Pour quelles disciplines votre université est-elle plus connue?

    _____

3. Le coût des études supérieures est-il abordable?

    _____

4. Des bourses existent-elles? Pour qui?

    _____

5. Les étudiants trouvent-ils du travail à temps partiel?

    _____

6. La sélection pour entrer dans votre université est-elle très stricte ou pas? Est-elle nationale ou locale?

    _____

7. Où habitent la plupart des étudiants?

    _____

8. L'accès aux bibliothèques et laboratoires est-il facile?

    _____

9. Y a-t-il des installations sportives? des activités sportives organisées?

    _____

10. Y a-t-il beaucoup d'activités culturelles: conférences, ciné-clubs, concerts, etc.? Sont-elles gratuites ou presque?

    _____

Volet 1

Contexte 1. On fait des études!

10-2 Marche à suivre. What formalities await a new student at your university? According to your own experience, indicate in complete sentences the five most important tasks awaiting a new student at his/her school.

_____ acheter des tickets de restaurant

_____ s'inscrire pour des séances de travaux pratiques (TP, Sciences)

_____ chercher un petit boulot

_____ chercher une chambre

_____ choisir une spécialité

_____ faire partie d'une équipe de sports

_____ régler les frais d'inscription

_____ s'inscrire dans un club

_____ se renseigner sur les cours et les horaires

_____ suivre un cours magistral

_____ trouver de nouveaux copains

_____

_____

_____

_____

_____

10-3 Quelle matière pour quelle profession? For each profession, indicate the most likely corresponding academic discipline.

MODÈLE: Musicien (-enne) *la musique*

PROFESSION	MATIÈRE DOMINANTE	PROFESSION	MATIÈRE DOMINANTE
1. Biologiste	_____	10. Mathématicien (-enne)	_____
2. Linguiste	_____	11. Dessinateur (-trice)	_____
3. Médecin	_____	12. Psychologue	_____
4. Peintre	_____	13. Historien (-enne)	_____
5. Architecte	_____	14. Programmeur (-euse)	_____
6. Géographe	_____	15. Journaliste	_____
7. Chimiste	_____	16. Professeur d'anglais	_____
8. Sculpteur	_____	17. Avocat (-e)	_____
9. Sociologue	_____	18. Pharmacien (-enne)	_____

Outil 1. Les verbes **dire, lire** et **écrire**

10-4 Les études supérieures. Complete the sentences with the appropriate form of one of these verbs: **dire, lire, écrire, s'inscrire**. (Use present tense or the **passé composé**, as appropriate.)

1. Vous _____ merci à vos profs à la fin de l'année?

2. C'est la rentrée: nous _____ à la fac.

3. J(e) _____ trois ou quatre lettres par an.

4. Parents et enfants _____ les albums d'Astérix le Gaulois.

5. Quand mon amie me demande mon avis, je lui _____ toujours la vérité.

6. Mes amis veulent être médecins. Le mois dernier, ils _____ à la Faculté de médecine.

7. Tu es spécialiste d'anglais? Combien de mémoires est-ce que tu _____ le semestre passé?

8. Ce n'est pas sûr, mais on _____ qu'ils vont divorcer.

9. Ta mère _____ beaucoup de journaux et de magazines francais, n'est-ce pas?

10. Je trouve que nous _____ trop de compositions pour le cours de français.

11. Mes profs me _____ que je m'exprime très bien en français.

12. Mais non! C'est vrai! Hier soir, je l' _____ dans le journal.

13. Mes parents m'ont téléphoné hier. Ils m(e) _____ qu'ils allaient me rendre visite la semaine prochaine.

14. Mes amies _____ des chansons et des poèmes excellents.

Volet 2

Contexte 2. La vie d'étudiant: de nos jours et autrefois

10-5 La vie étudiante. Check only those aspects of college life that, according to the **Contexte**, have remained the same over the years. If an aspect has changed, write a sentence indicating how things are different now.

_____ 1. L'année universitaire va d'octobre à juin.

_____

_____ 2. Il y a deux sessions d'examens.

_____

_____ 3. Les bâtiments universitaires sont au centre-ville.

_____

_____ 4. Il y a une majorité de cours magistraux en amphitéâtre.

_____

_____ 5. Il n'y a pas de dialogue entre professeur et étudiants.

_____

_____ 6. On rend un ou deux devoirs pendant l'année entière.

_____

_____ 7. On fait un travail individuel.

_____

_____ 8. Les séances de travaux pratiques sont rares.

_____

_____ 9. On se sent isolé.

_____

_____ 10. Il y a des profs ennuyeux.

_____

Outil 2. Les pronoms compléments d'objet indirect

10-6 On s'informe. Answer the questions, using an indirect-object pronoun.

MODÈLES:
—Tu écris souvent **à tes amis**?
—*Oui, je **leur** écris souvent.* / —*Non, je ne **leur** écris pas souvent.*

—Le prof **vous** pose des questions?
—*Oui, il **nous** pose des questions.* / —*Non, il ne **nous** pose pas de questions.*

1. —Tu réponds toujours correctement **au professeur**?

—_____

2. —Est-ce que le prof **vous** rend vos mémoires bientôt?

—_____

3. —Tu **me** prêtes tes notes de biologie?

—_____

4. —Ce prof donne beaucoup de devoirs **à ses étudiants**?

—_____

5. —Tes profs **te** téléphonent souvent?

—_____

6. —Paul et Michèle, vous **me** remettez vos dissertations aujourd'hui?

—_____

10-7 Préparatifs de rentrée. Indicate what your plans are in the near future.

MODÈLES:
—Tu vas **nous** dire tes projets?
—*Oui, je vais **vous** dire mes projets.*

—Le prof va dire leur note **aux étudiants**?
—*Non, il ne va pas **leur** dire leur note.*

1. —Tu vas **nous** donner tes notes de l'année dernière?

—Oui, _____.

2. —On va prêter une voiture **à ton camarade de chambre**?

—Non, _____.

3. —On va montrer nos photos de vacances **aux copains**?

—Oui, _____.

4. —La banque va **te** prêter de l'argent?

—Non, _____.

5. —Le secrétariat va téléphoner **aux nouveaux étudiants**?

—Non, _____.

6. —La bibliothèque va **t'**envoyer une carte?

—Non, _____.

10-8 Ça oui! A friend is reinforcing your advice regarding things to do and not to do. Indicate what he/she says using indirect-object pronouns.

MODÈLES: —Il faut toujours **répondre au prof**.
             —*Ça oui! **Réponds-lui** le plus vite possible!*

             —Il ne faut **pas désobéir au prof**.
             —*Ça non! **Ne lui désobéis pas!***

1. —Il ne faut **pas prêter** tes notes **aux autres étudiants**.

—_____

2. —Il ne faut **pas parler à vos copains** en classe.

—_____

3. —Il ne faut **pas téléphoner à l'assistant(e)** pour demander de l'aide.

—_____

4. —Il faut **dire à vos professeurs** si vous ne comprenez pas.

—_____

5. —Il ne faut **pas dire aux autres étudiants** que vous avez des difficultés.

—_____

10-9 Conseils d'amis. Now relay some advice to your friend about how he/she should treat you.

MODÈLES: —Dites-lui de ne pas **vous** parler en classe.
                 —Ne *me parle pas en classe!*

                 —Dites-lui de **vous** rendre vos livres.
                 —Rends-*moi mes livres!*

1.   —Dites-lui de **vous** aider de temps en temps.

—_____

2.   —Dites-lui de ne pas **vous** poser des questions en classe.

—_____

3.   —Dites-lui de ne pas **vous** téléphoner tard le soir.

—_____

4.   —Dites-lui de **vous** prêter ses notes de temps en temps.

—_____

5.   —Dites-lui de **vous** donner son numéro de téléphone.

—_____

Volet 3

Contexte 3. Soucis d'étudiants

10-10 Vos soucis à vous. Identify and discuss briefly some of your own problems on campus, using complete sentences.

1. Qu'est-ce que les étudiants protestent sur votre campus: des décisions de l'administration? le coût des études? le manque *(a lack of)* de place pour certains cours? le manque d'ordinateurs? la rareté du parking? la nourriture dans la cafétéria? le prix des livres? les heures d'ouverture de la bibliothèque?

_____

_____

_____

2. Comment vous changez-vous les idées quand vous êtes trop stressé(e)? séance de cinéma? visite au café? pratique du sport? musique? rencontre d'amis? retour dans votre famille? travail manuel? etc.

_____

_____

_____

3. Expliquez quels petits problèmes vous confrontez en classe: retard du prof? absence du prof? température trop élevée ou trop fraîche? matériel (projecteur, micro, ordinateur) qui ne marche pas? manque de tableau? tonnes de devoirs? examens-surprise? etc.

_____

_____

_____

Outil 3. Les pronoms **y** et **en**

10-11 Projets internationaux. Answer the questions regarding your eventual studies in Switzerland. Disitinguish between people and places.

MODÈLES: —Tu vas **en Suisse**?
             —*Oui, j'y vais.* / —*Non, je n'y vais pas.*

             —Tu as parlé de ces projets **à ton prof**?
             —*Oui, je **lui** ai parlé de ces projets.* / —*Non, je ne **lui** ai pas parlé de ces projets.*

1.   —Tu vas **au secrétariat de la fac**?

—_____

2.   —Tu parles **au chef de la division «études internationales»**?

—_____

3.   —Tu veux passer un semestre **à l'étranger** *(abroad)*?

—_____

4.   —Tu écris aussi **à ton cousin suisse**?

—_____

5.   —Tu penses habiter **chez ce cousin**?

—_____

10-12 Goûts et expériences. Participate in a survey organized by an advertising agency. Answer its questions precisely.

MODÈLES: —Voulez-vous répondre **à ce questionnaire**?
             —*Oui, je veux bien* **y** *répondre.* / *Non, je ne veux pas* **y** *répondre.*

             —Faites-vous partie **d'un groupe de travail**?
             —*Oui, j'***en** *fais partie.* / *Non, je n'***en** *fais partie.*

1.   —Avez-vous **du temps libre**?

—_____

2.   —Combien **de livres** avez-vous lus le mois dernier?

—_____

3.   —Allez-vous souvent **au cinéma**?

—_____

4.   —Lisez-vous beaucoup **de magazines**?

—_____

5.   —Faites-vous **du sport** tous les jours?

—_____

6.   —Comptez-vous aller **au gymnase** cette semaine?

—_____

7.   —Avez-vous étudié **dans une université étrangère**?

—_____

8.   —Voulez-vous vous faire **des études à l'étranger**?

—_____

9.   —Aimez-vous jouer **aux cartes**?

—_____

10. —Jouez-vous **du piano**?

—_____

10-13 Simplification. Write a simplified version of each sentence below.

MODÈLES: —Vous revenez **de la fac**?
              —*Vous **en** revenez?*

              —Vous retrouvez des amis **au café**?
              —*Vous **y** retrouvez des amis?*

1.   —Vous allez **à la bibliothèque**?

— _____

2.   —Tu vas passer **des examens** la semaine prochaine?

— _____

3.   —Ils n'ont pas suivi **de cours de physique**.

— _____

4.   —Nous voulons arriver tôt **dans l'amphithéâtre**.

— _____

5.   —Vous n'allez pas faire **des exposés oraux**.

— _____

6.   —Nathalie est allée **chez ses parents**.

— _____

7.   —Il a eu besoin **d'argent**.

— _____

8.   —Apporte ton livre **en classe**!

— _____

9.   —Allons **au cinéma** ce soir!

— _____

10.   —Ne te fais pas **de soucis**!

— _____

Volet 4

Contexte 4. Je vous conseillerais...

10-14 À mon avis. What advice would you give a foreign student to ease his/her arrival on your campus? Select a few ideas from the list, and add a couple of your own.

MODÈLE: acheter / ne pas acheter une voiture (un vélo)
            J'achèterais un vélo!

1. habiter / ne pas habiter sur le campus

   _____

2. apprendre à utiliser un ordinateur

   _____

3. avoir / ne pas avoir le téléphone

   _____

4. s'inscrire / ne pas s'inscrire à des cours d'éducation physique

   _____

5. faire partie / ne pas faire partie d'une équipe de sports

   _____

6. prendre / ne pas prendre la parole en cours

   _____

7. dialoguer / ne pas dialoguer en cours

   _____

8. faire partie / ne pas faire partie d'un groupe de travail

   _____

9. sortir «en copain» / sortir en couple

   _____

10. toujours payer sa part / éviter *(avoid)* de payer sa part

   _____

11. _____

12. _____

Outil 4. Le conditionnel

10-15 Effort de politesse. Rewrite the requests and commands below in order to make them less direct and more considerate.

MODÈLE: **Voulez-vous** travailler avec moi?
            Voudriez-vous travailler avec moi?

1. **Avez-vous** le temps de m'aider?

   _____

2. **Sais-tu** pourquoi le prof n'était pas en cours?

   _____

3. **Êtes-vous** libre le 24 du mois prochain?

   _____

4. **Pouvez-vous** diriger les travaux du groupe?

   _____

5. **Répondez** aux questions!

   _____

6. **Venez**-vous au café avec nous?

   _____

10-16 L'université de mes rêves. If you could create the university of your dreams, what would happen? Would the possibilities listed below materialize?

MODÈLE: On **a** une semaine de quatre jours.
            *C'est ça! On **aurait** une semaine de quatre jours.*

1. Toutes les personnes motivées **peuvent** s'inscrire.

   _____

2. Les profs ne **font** pas cours avant midi.

   _____

3. Les ordinateurs **corrigent** les devoirs avec objectivité.

   _____

4. Les examens n'**existent** pas.

   _____

5. Tout le monde **veut** faire du sport.

_____

6. On **va** au cinéma, au concert ou au théâtre sans payer.

_____

7. Les caféterias **deviennent** de vrais restaurants.

_____

8. Les étudiants **sont** payés pour étudier.

_____

Découvertes

Lecture

10-17 _Quartier libre_, **un journal étudiant.** Your campus probably publishes a student newspaper whose content is very familiar to you. **Quartier Libre**, the student newspaper from the **Université de Montréal** may resemble it in some regards. Can you think of some possible similarities? On the other hand, are there likely to be some basic differences as well? As you read about **Quartier Libre**, see how accurate your projections prove to be.

Le Quartier Libre est un journal étudiant d'information et d'opinions.
Certains constatent trop rapidement que «les jeunes ne s'intéressent à rien».
Le Quartier Libre démontre le contraire, en encourageant les débats d'idées
sur des sujets sociaux, politiques, culturels aussi bien au niveau universitaire,
5   national, qu'international.
Le Quartier Libre est un journal ouvert à tous, qui présente la vision
étudiante dans les débats qui animent la société québécoise.
Le Quartier Libre est publié deux fois par mois, tout au long de
l'année universitaire. Il est distribué à plus de 15.000 exemplaires
10   sur le campus de l'Université de Montréal, dans le quartier Côte-des-Neiges,
sur le plateau Mont-Royal ainsi qu'au centre-ville.
Le Quartier Libre est constitué d'une équipe de rédaction dûment°   _duly_
élue pour un mandat d'une année. Elle est composée d'un Directeur et de trois
Chefs de pupitre°.   _department_
15   Le journal est divisé en quatre sections: _editors_
La section campus
Pour en savoir plus sur la vie étudiante et les événements spéciaux qui se
déroulent sur le campus, pour être au courant des sujets chauds et autres débats
concernant l'avenir de l'université.
20   **La section société**
Vous y trouverez des informations et des opinions sur des sujets aussi
diversifiés qu'insolites. Tout ce qui touche la société québécoise et canadienne
en général et qui mérite notre attention sera abordé de façon objective... ou
subjective.
25   **La section monde**
Les nouvelles internationales qui choquent, celles qui suscitent la réflexion,
celles qui éveillent la curiosité sont ici traitées. Cette section s'efforce d'amener
le point de vue des étudiants.

La section culture

30   **Le Quartier Libre** se veut l'outil d'information par excellence des étudiants
        désirant s'initier en tant que spectateur averti à la jungle artistique urbaine.

(Source: d'après *http://www.ql.umontreal.ca/*)[1]

Avez-vous compris? Point out the similarities and differences between your campus paper and
Quartier Libre with regard to:

1.   its mission

_____

_____

2.   the frequency of publication

_____

_____

3.   distribution

_____

_____

4.   the editorial board

_____

_____

5.   content

_____

_____

1.   Read the current issue of *Quartier Libre* on http://www.ql.umontreal.ca/ and share your comments with your
     classmates.

Lecture et expression écrite   **185**

À vos stylos

10-18 Le journal de notre université. Now write a short description of your campus paper. Be sure to use the reading above—and your own related comments—to help you organize your ideas and find useful vocabulary. Conclude by giving your opinion of the campus paper.

_____

_____

_____

_____

_____

_____

_____

Dossier 11 *Les nombreuses décisions de la vie active*

Cultures en parallèles

11-1 Vos décisions. Answer with complete sentences.

1. Qui influence vos décisions: parents, amis, conseiller, professeurs?

   _____

2. Qu'est-ce qui influence vos décisions (lecture, discussions, rencontres, réflexion personnelle, principes—religieux ou moraux)?

   _____

3. En général, prenez-vous des décisions importantes rapidement ou avez-vous besoin de beaucoup de temps?

   _____

4. Pour quelles raisons pourriez vous être prêt(e) à changer votre lieu de résidence: mariage, carrière et emploi, salaire, famille?

   _____

5. Quels avantages sociaux sont les plus importants pour vous: congés? assurance médicale?

   _____

6. Au moment de choisir un emploi futur, quels facteurs vous semblent plus motivant: indépendance, possibilité de prendre des initiatives, des patrons sympathiques, la sécurité de l'emploi, la souplesse des horaires?

   _____

Volet 1

Contexte 1. Le choix d'un métier

11-2 Un peu de logique. Indicate which sentence in the right-hand column logically follows each numbered statement.

_____ 1. Jules reçoit un salaire dérisoire.

a. Alors, elle doit tenter suivre une formation dans la comptabilité.

_____ 2. Annie a beaucoup d'ambition et d'énergie.

b. C'est indispensable pour se lancer dans une nouvelle carrière.

_____ 3. Ne vous découragez pas.

c. C'est une statistique très alarmante.

_____ 4. Tu es tout à fait apathique!

d. En effet, elle est au chômage.

_____ 5. Éliane ne travaille pas en ce moment.

e. Dis-moi comment piquer ton intérêt.

_____ 6. Sandrine a un talent caché pour les chiffres.

f. Il a beaucoup de difficultés financières, il ne peut pas s'en sortir.

_____ 7. Chez les jeunes de 18 à 25 ans, le taux de chômage est de 25%.

g. Il faut persévérer pour réussir.

Outil 1. Les pronoms interrogatifs

11-3 Conversations en cours (*Conversations in progress*). When you join your friends, they are engrossed in conversation. Ask questions to find out whom or what they are talking about.

MODÈLES: —Nous nous préoccupons beaucoup **de cela.**
                —**De quoi** *est-ce que vous vous préoccupez?*
                —Je pense beaucoup **à eux.**
                —*à qui est-ce que vous pensez beaucoup?*

1. —Nous voulons parler **avec lui.**

— _____

2. —Elle aime **quelqu'un.**

— _____

3. —Nous parlions **de cela.**

— _____

4. —**Quelque chose** ne va pas.

— _____

5. —J'admire beaucoup **cette personne**.

— _____

6. —Pierre sort **avec elle**.

— _____

7. —**Cela** n'est pas très important.

— _____

8. —Ils détestent **cela**!

— _____

9. —**Elle** parle plusieurs langues!

— _____

10. —Nous nous intéressons beaucoup **à cela**.

— _____

11-4 Pardon? You did not hear the questions that elicited the following answers, so you ask again.

MODÈLES:　　　—Sandrine a reçu **un diplôme d'ingénieur**.
　　　　　　　　—Pardon? **Qu'est-ce que** Sandrine a reçu?

　　　　　　　　—**Sandrine** cherche un emploi.
　　　　　　　　—Pardon? **Qui** cherche un emploi?

1. —Sandrine écrit **des lettres**.

— _____

2. —Sandrine envoie ses lettres **à beaucoup de patrons**.

— _____

3. —Sandrine attend **des réponses**.

— _____

4. —M. Dulac lui donne **un rendez-vous**.

— _____

5. —**Le rendez-vous** est à 9 heures.

— _____

Lecture et expression écrite　　　　　　　　　　　　　　　　　　　　**189**

6.   —Elle a rendez-vous **avec le grand patron**.

   — _____

7.   —**Le bureau du patron** est très beau.

   — _____

8.   —**Sandrine** est un peu intimidée.

   — _____

9.   —**La conversation** n'est pas facile.

   — _____

10.   —M. Dulac lui parle longtemps **au sujet des conditions de travail**.

   — _____

11.   —Il lui offre **le travail**.

   — _____

12.   —**Sandrine** est très heureuse.

   — _____

Volet 2

Contexte 2. Offres d'emplois

11-5 Recherche de personnel. Using words you have learned in this **Contexte**, complete the following **offre d'emploi**.

> salaire / clientèle / réputée / produits / prétentions / contact humain / frais / formation / équipe /
>
> constituer / commerciaux

TORAMAR est une firme spécialisée dans la distribution de _____ (1) électroniques.

Elle est _____ (2) dans le monde entier. Nous embauchons des attachés

_____ (3) pour notre _____ (4) de vente. Les candidats doivent

avoir une _____ (5) commerciale. Le sens du _____ (6) est une

qualité indispensable car le contact avec la _____ (7) est tout à fait crucial.

Les candidats intéressés sont priés de _____ (8) un dossier complet avec leur curriculum vitae (photo incluse) et leurs _____(9). TORAMAR offre un

_____ (10) fixe, plus commissions motivantes. Les _____ (11)

de voyage sont remboursés.

Outil 2. Le pronom interrogatif **lequel**

11-6 Des précisions, s'il vous plaît. Your friends are finding jobs and moving on. Ask for details.

MODÈLE: —Marc a des entretiens avec des **firmes européennes**.
                  —Ah oui? *Lesquelles?*

1.   —Suzanne a posé sa candidature auprès d'**entreprises internationales**.

    —Ah oui? _____ l'ont acceptée?

2.   —Éric a deux **offres d'emploi intéressantes**.

    —Ah oui? _____ va-t-il prendre?

3.   —À mon avis, Julien a des **prétentions ridicules**.

    —Ah oui? _____?

4.   —Georges a interviewé pour **deux postes**.

    —Ah oui? _____ lui semble le plus intéressant?

5.   —Martin respecte beaucoup **son patron**.

    —Ah oui? _____? Il a eu deux patrons.

6.   —**Certains frais** sont remboursés.

    —Ah oui? _____ sont remboursés?

11-7 Parlons clairement! Ask your friends to elaborate on their statements.

MODÈLE: —Yves parle toujours de ce problème.
                      —Duquel?

1.   —Charlotte pense toujours **à cet emploi**.

—_____

2.   —Cédric a besoin **de ses amis**.

—_____

3.   —Élie a peur **de cet entretien**.

—_____

4.   —Lucie parle toujours **de ces produits**.

—_____

5.   —François réfléchit **à cette offre**.

—_____

6.   —Il a écrit des lettres **à quatre grandes entreprises**.

—_____

Volet 3

Contexte 3. Le monde du travail

11-8 Points en commun. Indicate which professions share the following characteristics. You may repeat the same professions several times.

MODÈLE: font des recherches, ou aident les autres à en faire
                      un bibliothécaire, un chercheur

un banquier	un informaticien/une informaticienne
un/une bibliotécaire	un ingénieur
un boulanger/une boulangère	un instituteur/une institutrice
un chauffeur	un kiné(sithérapeute)
un chef de cuisine	un militaire
un chercheur	un ouvrier/une ouvrière
un/une comptable	un/une publicitaire
un conseiller/une conseillére d'éducation	un restaurateur
un/une fonctionnaire	un soudeur
un infirmier/une infirmiére	

1. travaillent dans l'informatique _____

_____

2. travaillent dans l'enseignement. _____

_____

3. portent généralement un uniforme pour le travail _____

_____

4. s'occupent de la santé des humains _____

_____

5. travaillent avec les chiffres _____

_____

6. servent ou préparent de la nourriture _____

_____

7. peuvent travailler dans la construction _____

_____

Outil 3. Les verbes **croire** et **voir**

11-9 Texte à trous. Complete the paragraph with the correct forms of **croire** or **voir**. The context will help you select the correct tense—**présent, passé composé, imparfait**—and determine whether to use a conjugated form of the verb or an infinitive.

1. —Hier j(e) _____ Éric!

   —Mais nous _____ qu'il était parti.

2. Paul et Henri sont très naïfs: ils _____ tout *(everything)*.

3. La semaine dernière, est-ce que vous _____ un bon film?

4. Quand tu étais enfant, est-ce que tu _____ souvent tes grands-parents?

5. Franchement, ses patrons ne _____ pas ses grandes qualités.

6. Il faut _____ son curriculum vitae.

7. Est-ce que vous _____ une profession intéressante dans la liste?

8. Un commerçant _____ son banquier très souvent.

9. On doit _____ que le chômage va diminuer.

10. Hier, le journal a publié des statistiques alarmantes.

    —Et, hier comme comme toujours, le public _____ les journalistes!

Volet 4

Contexte 4. Quelle garde-robe pour un entretien professionnel?

11-10 Le costumier/La costumière. You are in charge of costumes for the new play on the campus. How do you dress each of its characters?

MODÈLE: l'agent de police
*Il va porter **un uniforme bleu, des chaussures et des chaussettes noires, un imperméable beige, des gants marron et une casquette.***

1. l'agriculteur _____

_____

_____

2. la jeune avocate _____

_____

_____

3. l'étudiant américain _____

_____

_____

4. la grand-mère _____

_____

_____

11-11 Goûts personnels. List the type of clothing and colors you hate with a passion! Then tell what you are particularly fond of!

MODÈLE: *Je déteste les cravates roses, les chaussures blanches.*
J'adore les t-shirts et les jeans noirs (pas bleus).

_____

_____

_____

_____

Outil 4. Le présent du subjonctif: verbes réguliers; expressions impersonnelles d'obligation

11-12 Consignes importantes. Rephrase the basic rules of a satisfactory job search.

1. Lire le journal tous les jours.

    Il faut que vous _____ le journal tous les jours.

2. Constituer un dossier très complet.

    Il faut que nous _____ un dossier trés complet.

3. Se servir des services de votre université.

    Il est essentiel que tu _____ des services de ton université.

4. Remplir les formulaires *(application forms)* avec attention.

    Il est important que vous _____ les formulaires avec attention.

5. Mettre des jeans pour un entretien.

    Il ne faut pas que vous _____ pour un entretien.

6. Connaître assez bien l'entreprise où vous avez un entretien.

    Il est indispensable que les candidats _____ assez l'entretien où ils ont un

    entretien.

7. Répondre à beaucoup d'annonces.

    Il est préférable que vous _____ à beaucoup d'annonces.

8. Se sentir compétent(e) pour le poste.

    Il est nécessaire qu'on _____ compétent(e) pour le poste.

9. Croire en votre talent et en vos qualifications.

    Il est essentiel que vous _____ votre talent et en vos qualifications.

11-13 De bonnes idées pour l'employeur. Review the list below, and write which of the actions it is essential (necessary, preferable) for an employer to perform (or not to perform).

MODÈLE: répondre à tous les candidats
Il faut que vous répondiez à tous les candidats.

1. donner une description claire du poste

____

2. offrir un salaire compétitif

____

3. revoir les avantages sociaux offerts par la concurrence

____

4. établir des critères de sélection objectifs

____

5. rendre l'entretien aussi agréable que possible

____

6. poser des questions personnelles au candidat

____

7. traiter les hommes et femmes d'une manière différente

____

Découvertes

Lecture

11-14 Savoir-faire: À questions-pièges, réponses intelligentes. This reading offers practical advice to job seekers who may have to answer awkward or even embarrassing questions during interviews. The key ideas in the two main paragraphs are summarized in the subheads. Focus on these first; as you read, concentrate on their development within the paragraph themselves. Finally, reread the text as a whole a second time in order to grasp fully and assess the advice given.

Sur votre CV, il y a un trou° de six mois. Pourquoi? «Si je regarde bien les dates, vous avez obtenu votre maîtrise en deux ans? Pourquoi?» Il y a des questions gênantes° dans chaque entretien: alors préparez-vous à y répondre.

Mentir est dangereux. Et pour plusieurs raisons. D'abord parce que tout le monde ne sait pas mentir sans le montrer. Ensuite parce que les recruteurs connaissent leur métier: ils ne sont pas forcément dupes même si, sur l'instant, ils ne le montrent pas. Enfin, certains recrutements s'étalant° sur plusieurs entretiens, il peut être dangereux d'oublier la première version

hole
embarrassing
stretching over

10   qu'on a donnée pour expliquer un blanc sur le CV (la jambe cassée°   *broken leg*
      était-elle la droite ou la gauche?...) lors des entretiens suivants.
      Po-si-ti-vez. En d'autres termes, il s'agit de reconnaître une erreur, tout en
      améliorant un peu la vérité d'une manière adaptée à l'entreprise. Si l'on vous
      demande, par exemple, pourquoi vous avez un peu traîné°   *dragged your feet, taken*
15   pour obtenir un diplôme, n'allez pas dire que cette   *too much time*
      année-là tous les candidats ont raté. Admettez que cette année-là vous étiez un
      peu paresseux, peut-être inconscient. De cette façon, vous montrez que vous
      savez vous remettre en question° et que vous êtes capable d'analyser vos actions.   *to call yourself in question again*
      Mais ajoutez immédiatement que la vie d'étudiant a été pour vous un moment
20   privilégié pour parfaire° votre culture générale—«J'ai beaucoup lu   *round out*
      à cette époque»—pour participer à des activités parascolaires enrichissantes
      (association, club sportif...) et enfin pour vous frotter° à une culture   *encounter*
      étrangère.

(Source: d'après *Talents*, avril 1993)

Avez-vous compris? Now answer these questions.

1. In your opinion, what does the expression **savoir-faire** mean?

_____

_____

2. What problem is addressed in this column? Are the examples given realistic, in your opinion?

_____

_____

3. What is the first piece of advice given by the columnist? What are the dangers of not following it?

_____

_____

4. What is the second piece of advice offered by the columnist? What is meant by the word **positiver**. What example(s) is (are) given?

_____

_____

5. Do you agree with the advice given in this column? Why, or why not? (You may consider whether such advice is appropriate in the culture where you live.)

_____

_____

À vos stylos

11-15 Un boulot... intéressant? Describe a job you had in the past. Explain how you got that job, and tell what your duties were. What were your boss and co-workers like? How were you supposed to dress? How long did the job last? Why did you leave? Would you recommend the job to others? List the pros and cons.

Use the strategies outlined in your textbook: Take notes on the various subtopics, review the notes, and select the topics you want to develop. Decide in what order you will present them, and write your paragraph. Don't forget what you have written.

_____

_____

_____

_____

_____

_____

Dossier 12 *Loisirs et vacances*

Cultures en parallèles: Votre temps libre

12-1 Vive les loisirs! Match each word with its definition; then use it in a sentence presenting your perspective on **le temps libre**.

_____ 1. une récompense	a. apporter un avantage très positif
_____ 2. une échappatoire	b. rendre plus riche
_____ 3. se reposer	c. ne pas favoriser les excès: tout doit être égal
_____ 4. mériter	d. ne pas faire; ne pas rechercher; se tenir loin de
_____ 5. la débauche	e. gagner quelque chose par ses efforts
_____ 6. éviter	f. une activité très différente des activités habituelles
_____ 7. équilibrer	g. s'arrêter de travailler
_____ 8. enrichir	h. un style de vie sans contrainte caractérisé par les excès des sens
_____ 9. bénéficier	i. en général on en obtient une après un effort, pour marquer le succès

1. _____

2. _____

3. _____

4. _____

5. _____

6. _____

7. _____

8. _____

9. _____

Volet 1

Contexte 1. Loisirs et personnalité

12-2 Des catégories de toute sorte. Classify the activities below according to category. Some activities may fit two categories. Conclude by indicating in a sentence or two the category (or categories) that reflect your own preferences:

E   = Activités qui se pratiquent sur/près de l'eau

H   = Sports d'hiver

M   = Activités de montagne

MU = Activités associées avec la musique

R   = Activités qui exigent des roues *(require wheels)*

S   = Activités sédentaires

_____ l'aérobic

_____ l'alpinisme

_____ le canöe-kayak

_____ les cartes

_____ la lecture

_____ le cyclisme

_____ l'escalade

_____ le jazz

_____ les jeux de société *(board games)*

_____ la moto

_____ la natation

_____ la luge

_____ la pêche

_____ la philatélie *(stamp collecting)*

_____ la plongée sous-marine

_____ le piano

_____ la planche à voile

_____ la randonnée

_____ le ski de descente (alpin)

_____ le ski nautique

_____ les collections (papillons, cartes postales, etc.)

_____ le vélo

_____ la voile

Mes activités préférées sont... _____

_____

_____

_____

Outil 1. Les pronoms relatifs **qui** et **que**

12-3 En parlant de loisirs. Combine each pair of sentences into a single sentence, using the relative pronoun **qui** or **que**.

MODÈLES: J'ai une amie. **Mon amie** adore visiter les musées.
*J'ai une amie **qui** adore visiter les musées.*

C'est un bon groupe d'amis. Je **les** vois souvent.
*C'est un bon groupe d'amis **que** je vois souvent.*

1. C'est un très beau trophée. Elle a gagné **ce trophée** l'an dernier.

   _____

2. Est-ce que tu as vu son dernier film? **Il** est sorti le week-end dernier.

   _____

3. C'est une bonne exposition. Je **la** recommande avec enthousiasme.

   _____

4. C'est un grand sportif. **Il** a gagné beaucoup de compétitions.

   _____

5. Elle nous a recommandé plusieurs livres. Je vais lire **ces livres** pendant les vacances.

   _____

6. Le parapente est un sport assez dangereux. Beaucoup de jeunes adorent **ce sport**.

   _____

7. Les pantouflards ont un comportement bizarre. **Ce comportement** m'étonne.

   _____

8. La plongée sous-marine est une activité intéressante. Je voudrais **la** pratiquer.

   _____

12-4 Auto portrait. Complete the following statements by supplying information about yourself.

MODÈLES: J'ai un ami qui *collectionne les papillons.*
             J'ai un ami que *je rencontre pour faire du sport.*

1.   Je suis le genre de personne que _____.

2.   Je ne suis pas le genre de personne qui _____.

3.   J'ai des activités que _____.

4.   J'ai déjà fait plusieurs voyages qui _____.

5.   J'admire les personnes qui _____.

6.   Je préfère des compagnons de voyage qui _____.

7.   Un match de foot est quelque chose que _____.

8.   Un bon équipement électroniques est une chose qui _____.

Volet 2

Contexte 2. Destinations de vacances

12-5 Chez nous. Is your state, province, or a region a vacation destination? Complete the sentences below to give an accurate description.

1.   Les endroits les plus fréquentés sont _____.

2.   Les endroits les plus insolites sont _____.

3.   Le paysage le plus grandiose se trouve _____.

4.   On fait du VTT à _____.

5.   Il ne faut pas rester dans les villes, il faut visiter l'arrière-pays, parce que _____

     _____.

6.   En général, en ce qui concerne leur résidence, les touristes choisissent _____

     _____.

Outil 2. Les noms géographiques et les prépositions

12-6 Allées et venues *(Comings and goings)*. Complete these travel accounts by supplying the missing articles and prepositions.

MODÈLE: J'adore *la* Tunisie. Chaque été, je vais *en* Tunisie, *à* Bizerte d'abord puis à la plage.

1. L'année dernière, nous avons visité _____ États-Unis. Nous sommes allés _____

   Californie, _____ Minnesota et _____ Maine.

2. Tu ne connais pas très bien _____ Canada? Eh bien, _____ Colombie-

   Britannique se trouve dans l'ouest, _____ Ontario se trouve au centre et _____

   Québec et _____ Provinces Maritimes se trouvent dans l'est du pays.

3. Notre université a des programmes _____ Afrique: _____ Congo, _____

   Côte d'Ivoire et _____ Bénin.

4. Il habite _____ Europe—_____ France, plus exactement—mais l'année prochaine

   il va faire des études _____ Mexique, _____ Mexico *(Mexico City)*, je crois.

5. —Tu voudrais aller _____ Asie?

   —Oui, je voudrais surtout passer du temps _____ Japon.

   —Tu as raison! Je reviens juste _____ Tokyo. C'est une ville fascinante!

6. —Tu parles bien anglais. Tu viens _____ États-Unis?

   —Mais non, je viens _____ Canada. Ce n'est pas la même chose!!

7. Les touristes qui vont _____ Floride veulent tous aller _____ Orlando, pour

   visiter Disney World, Epcot Center, etc.

8. J'ai des amis qui sont nés _____ Iran, _____ Corée, _____ Portugal et

   _____ Danemark.

9. Ma famille habite _____ Louisiane.

10. Ses ancêtres viennent _____ Afrique. Voilà pourquoi il voudrait faire des études l'année

    prochaine _____ Sénégal, _____ Dakar exactement.

Volet 3

Contexte 3. Une bonne organisation: le secret des vacances réussies

12-7 Un questionnaire. Fill out the survey distributed by your travel agent. Then summarize your preferences in a few sentences.

1. Quand préférez-vous faire vos projets de vacances?

_____ très à l'avance

_____ deux ou trois semaines avant le départ

_____ au dernier moment

2. À quel moment de l'année préférez-vous partir?

_____ en été   _____ à Noël

_____ en plein hiver   _____ au printemps

3. Où préférez-vous passer vos vacances?

_____ à l'étranger   _____ à la mer

_____ à la campagne   _____ à la montagne

_____ dans une grande ville   _____ ailleurs *(somewhere else)*. Précisez: _____

4. Comment vous renseignez-vous pour choisir votre destination?

_____ agence de voyages   _____ conversations avec des amis

_____ brochures du syndicat d'initiative   _____ explorations individuelles sur l'Internet

5. Quelle sorte de résidence préférez-vous?

_____ un hôtel   _____ un gîte rural

_____ une villa louée   _____ un terrain de camping

_____ un village familial   _____ une auberge de jeunesse *(youth hostel)*

_____ chez des amis

6. En vacances, comment préparez-vous votre itinéraire chaque jour?

_____ en consultant des guides, des cartes,   _____ en parlant avec d'autres touristes que je
        des plans   rencontre

_____ en parlant avec le/la concierge de l'hôtel   _____ je ne prépare pas mon itinéraire à l'avance

_____ en suivant des visites guidées

7. Quel moyen de transport choisissez-vous pour arriver à votre destination?

_____ le train   _____ l'avion

_____ le vélo   _____ la voiture

_____ le car   _____ l'auto-stop

8. Une fois arrivé(e) à votre destination, comment préférez-vous vous déplacer?

_____ à pied   _____ en stop

_____ en taxi   _____ en bus

_____ en voiture   _____ à vélo

_____ en métro

9. En résumé, voici mes préférences:

_____

_____

_____

_____

Outil 3. Le subjonctif d'**être** et **avoir**; l'emploi du subjonctif après les expressions de volonté, doute et émotion

12-8 La fin des vacances. Your Parisian vacation with a group of school friends is over! You try to sort through the many contradictory emotions experienced by yourself and others. Use appropriate forms of the verb **avoir** and **être** to complete the sentences.

MODÈLE: Je suis triste que les vacances *soient* finies.

1. Il est injuste que les vacances _____ si courtes!

2. Il est incroyable que Paris _____ si familier maintenant!

3. Il est impossible que je (j') _____ si peu d'argent.

4. Il est bizarre que je (j') _____ obligé(e) de rentrer chez moi.

5. Il est curieux que nous _____ si fatigués.

6. Il est bien que nous _____ des amis parisiens maintenant.

7. Il est incroyable que tu _____ tant de bagages!

8. Il est regrettable que Michel n'_____ pas le temps de nous accompagner à l'aéroport.

12-9 Esprit de famille? During vacation, there is a clash of wills between M. Legrand and his son. Recreate their exchanges.

MODÈLE: (m'aider avec les bagages)
Père: *Je désire **que tu m'aides** avec les bagages.*
Fils: *Je ne veux pas **t'aider** avec les bagages!*

1.   (mettre ta musique moins fort [loud])

Père: _____

Fils: _____

2.   (être gentil avec ton petit frère)

Père: _____

Fils: _____

3.   (lire les commentaires dans le *Guide Michelin*)

Père: _____

Fils: _____

4.   (finir ton Coca-Cola)

Père: _____

Fils: _____

5.   (rendre visite à nos amis)

Père: _____

Fils: _____

6.   (avoir une apparence plus soignée)

Père: _____

Fils: _____

7.   (m'obéir)

Père: _____

Fils: _____

Découvertes

Lecture

12-10 La France au volant. This excerpt is from *Les Carnets du Major Thompson*, by the French humorist Pierre Daninos. It is an account of the many surprises in store for the (fictional) major who has settled in France after his marriage to a Parisian.

As you approach the text, watch for specific techniques used by the author to inject humor into his narration:

- Creation of amusing words: **les à-pied et les en-voiture**.

- Exaggeration: **exécrer**, for example, is the highest degree of **détester**.

- Use of opposites in parallel constructions: **les gens qui font mal des choses bien et ceux qui font bien de mauvaises choses**.

- Use of expressions with a double meaning **écraser une mouche** (*to smash a fly*) is a trivial gesture, very different from **écraser un piéton** (*to smash, run over a pedestrian*).

- Unexpected applications of everyday expressions: **consommer tant d'essence au kilomètre** (*to go so many miles to the gallon*) becomes **consommer un piéton au kilomètre** (*to kill so many pedestrians per mile*).

- Use of idiomatic expressions: for example, **voir rouge**, which figuratively means *to get mad*.

	Il faut se méfier° des Français en général, mais sur la route en particulier.	*to beware*
	Pour un Anglais qui arrive en France, il est indispensable de savoir d'abord qu'il existe deux sortes de Français: les à-pied et les en-voiture. Les à-pied	
5	exècrent les en-voiture et les en-voiture terrorisent les à-pieds.	
	Les Anglais conduisent plutôt mal mais prudemment. Les Français conduisent bien, mais follement. La proportion des accidents est à peu près la même dans les deux pays, mais je me sens plus tranquille avec des gens qui font mal des choses bien qu'avec ceux qui font bien de mauvaises choses.	
10	Les Anglais (et les Américains) sont depuis longtemps convaincus que la voiture va moins vite que l'avion. Les Français (et la plupart des Latins) semblent encore vouloir prouver le contraire.	
	Il y a au fond de° beaucoup de Français un Fangio° qui sommeille° et que réveille le simple contact du pied sur	*inside / famous automobile racer / sleep*
15	l'accélérateur. Le citoyen paisible qui vous a invité à prendre place dans sa voiture peut se métamorphoser sous vos yeux en pilote démoniaque. Jérôme Charnelet, ce bon père de famille qui n'écraserait pas une mouche contre une vitre, est tout prêt à écraser un piéton au kilomètre s'il se sent dans son droit°. Au signal vert, il voit rouge. Rien	*if he feels he is in the right*
20	ne l'arrête plus, pas même le jaune. Ce n'est qu'après avoir subi une klaxonnade nourrie qu'il va consentir, de mauvaise grâce°, à abandonner le milieu de la rue. Les Anglais tiennent leur gauche. La plupart des peuples tiennent leur droite. Les Français, eux, sont pour le milieu, qui cette fois n'est pas le juste.	*reluctantly*

(Source: d'après Pierre Daninos, *Les Carnets du Major Thompson*. Paris: Hachette, 1954)

Avez-vous compris?

1. What French behaviors are targeted by Pierre Daninos a.k.a. Major Thompson?

_____

_____

2. Are you familiar with these stereotypes of French people at the wheel? Which ones?

_____

_____

3. What fact(s) may have given rise to these stereotypes? How accurate do you think Daninos's evocations are? Why?

_____

_____

_____

4. Daninos's book remains a classic of French humor. How effective did you find the author's humorous approach? (Please explain your answer.)

_____

_____

À vos stylos

12-11 Voyage de rêve. You have just graduated from college *and* won the lottery! You are going to embark on a fabulous journey. Talk about your itinerary and plans by following the steps outlined in your textbook. First, gather your ideas and take quick notes; then select the points you want to develop. Where will you go? To one or several destinations? Why? With whom? For how long? How will you travel and what type of accomodations will you select? What sorts of activities will you want to enjoy?

_____

_____

_____

_____

_____

Dossier 13 *La qualité de la vie*

Cultures en parallèles

13-1 Comment mesurer votre qualité de vie. Number in descending order of importance the factors that are important in providing the quality of life you would like to enjoy. Then indicate whether or not the city where you currently live meets your expectations, giving your reasons.

_____ la qualité de l'air qu'on respire

_____ la qualité de l'eau qu'on boit

_____ pouvoir obtenir des produits biologiques ou naturels

_____ excellent contrôle sur les nuisances de la vie moderne (excès de bruit, de déchets et pollution)

_____ des efforts de recyclage sérieux

_____ un accès facile à la nature (forêts, lacs, plages)

_____ des lois qui protègent l'environnement

_____ un accès facile et de qualité aux soins médicaux

_____ des installations pour encourager la pratique du sport

_____ une longue espérance de vie

_____ une stimulation intellectuelle et artistique (présence d'une université, musées, concerts, galeries)

MODÈLE: *En résumé, je suis content(e) d'habiter X parce qu'on respire un bon air. On fait des efforts de recyclage sérieux.*

En résumé, _____

_____

_____

Volet

Contexte 1. Un corps en bonne santé

13-2 Les parties du corps. Find the word that does not fit in the sequence.

MODÈLE: front, oreilles, pied, bouche
pied

1. bras, jambe, front _____

2. ventre, cheville, poignet _____

3. coude, doigt, genou _____

4. talon, poitrine, dos _____

5. main, pied, cou _____

6. cuisse, poignet, genou, cheville _____

7. cœur, main, poumons _____

13-3 Leçon d'anatomie. Identify the body part by its definition.

1. Le coude et le poignet sont deux de ses articulations: _____

2. Rattache le pied à la jambe: _____

3. À l'extrémité des mains: _____

4. Monter et descendre des escaliers n'est pas très bon pour eux: _____

5. Soutient la tête: _____

6. Le tronc se compose de deux parties: c'est la partie inférieure: _____

7. On dit que cette pompe interne est aussi le centre des émotions: _____

8. Quand on vieillit, il ne reste pas toujours très droit: _____

Outil 1. Les adverbes; le comparatif et le superlatif de l'adverbe

13-4 Interview psychologique. Answer a prospective employer's questions, using appropriate adverbs.

MODÈLE: —Agissez-vous toujours avec beaucoup d'**indépendance**?
             —Oui, j'agis *indépendamment*.

1.   —Vos actions sont-elles parfois **imprudentes**?

     —Oh, non, je n'agis jamais _____.

2.   —Êtes-vous **patient(e)**?

     —Oui, je peux attendre très _____.

3.   —Vous adaptez-vous avec **facilité** à de nouvelles situations?

     —Oui, je m'y adapte _____.

4.   —Êtes-vous **franc(he)**?

     —Oui, je parle _____, mais j'ai aussi du tact.

5.   —Apprenez-vous avec **rapidité**?

     —Oui, j'apprends _____.

6.   —Vos disputes avec vos collègues sont-elles **rares**?

     —Oui, je me dispute _____ avec eux.

7.   —Êtes-vous un peu **brusque** avec vos collègues de temps en temps?

     —Oh, non, je ne leur parle jamais _____.

8.   —Votre participation aux discussions est-elle **active**?

     —Bien sûr, j'y participe toujours _____.

9.   —Demandez-vous l'opinion de vos collègues de façon **régulière**?

     —Oui, je leur demande _____ leur opinion.

10. —Êtes-vous un **bon** travailleur?

     —Je crois que oui. Je travaille _____.

13-5 Votre meilleur(e) ami(e). Indicate how well your best friend does certain things in comparison to you. Use the symbols as guidelines.

MODÈLES: Je joue souvent au tennis. (–)
*Il/Elle joue **moins souvent que moi**.* ou *Je joue **plus souvent que** lui/qu'elle.*

1. Je parle bien français. (+) _____

2. J'agis sagement. (=) _____

3. Je travaille sérieusement. (–) _____

4. Je conduis bien. (+) _____

In conclusion, indicate who does these things the best.

MODÈLES: Je joue souvent au tennis.
*Il/Elle joue **le plus souvent**.* ou *Je joue **le plus souvent**.*

5. (parler français)

_____

6. (travailler sérieusement)

_____

7. (conduire bien)

_____

Volet 2

Contexte 2. Chez le médecin

13-6 Soucis de santé. Referring to **Contexte 2**, complete the following conversation with appropriate vocabulary words.

—Il faut que Martine aille chez le médecin. Elle a très mauvaise _____ (1) et elle

tousse. Elle a 39° de_____ (2), elle a très mal à la gorge et j'ai peur qu'elle ait une

_____ (3).

—En effet elle doit téléphoner au _____ (4) médical de votre docteur très vite et

demander une _____ (5) pour aller à la pharmacie. Je suis sûre qu'elle va devoir

prendre du _____ (6) pour la toux et des _____ (7) contre son

infection.

Outil 2. Les pronoms indéfinis

13-7 Propos de santé. Complete the sentences by supplying the specified indefinite pronouns.

1. Comment tu ne prends *(nothing)* _____ pour la toux? Le docteur va te donner

   (something) _____ —du sirop ou des cachets.

2. Parmi nos amis, *(several)* _____ sont malades cette semaine.

3. Les habitudes des gens sont très différentes: par exemple, *(some)* les _____

   vont régulièrement chez le dentiste, *(the others)* les _____ n'y vont jamais.

4. Aller chez le dentiste n'est pas très amusant et *(nobody)* _____ n'aime y aller.

5. Tous les copains sont déja arrivés? Non, c'est bizarre, *(none)* _____ de nos

   copains n'est là!

6. *Everyone for himself.* _____ pour soi!

Volet 3

Contexte 3. L'environnement

13-8 Exemples personnels. For each category give two examples:

1. les qualités d'un produit vert: _____

   _____

2. des sources d'énergie renouvelable: _____

   _____

3. des nuisances à éliminer: _____

   _____

4. des actions qui sont écologiquement responsables: _____

   _____

5. des actions qui sont écologiquement irresponsables: _____

   _____

Outil 3. Le subjonctif après les conjonctions **avant que**, **sans que**, **pour que**, **à condition que**, **jusqu'à ce que**

13-9 À quelles conditions? Et dans quel but? Write complete sentences, using the elements provided.

1. On ne peut pas changer le monde sans que / tout le monde / faire un effort

_____

2. Prenez les transports en commun pour que / nous / conserver nos ressources énergétiques

_____

3. On ne peut pas réduire la pollution sans que / vous / consommer moins

_____

4. Nous avons besoin de beaucoup de temps avant que / nos rivières / devenir propres

_____

5. On ne peut pas nettoyer la planète jusqu'à ce que / les efforts du monde entier / être coordonnés

_____

13-10 Expressions personnelles. Complete the sentences to express your personal opinions.

1. Achetons des produits bio-dégradables pour que _____

_____.

2. Nos rivières ne vont pas être propres sans que _____

_____.

3. La défense de l'environnement va rester un rêve jusqu'à ce que _____

_____.

4. Notre santé peut être meilleure à condition que _____

_____.

5. Il faut mesurer l'impact de vos actions sur l'environnement avant que _____

_____.

Volet 4

Contexte 4. Le troisième millénaire

13-11 Vive le progrès! Review and rank in order of importance the following inventions, then add to the list two new products that you yourself cannot wait to own.

_____ Un réveil-matin qui surveille les ondes alpha du cortex pour vous réveiller en douceur

_____ L'ouverture automatique des fenêtres et portes

_____ Un vélo-labo pour remplacer les visites chez le docteur

_____ Des vêtements fonctionnels et climatisés, à couleurs programmables

_____ Des Net-lunettes avec écouteurs pour rester sur votre ordinateur personnel

_____ Des robots dans la cuisine (inventaire, courses et préparation des repas)

_____ Des transports en commun fréquents, téléguidés et gratuits

Et aussi _____

_____

Outil 4. Le futur

13-12 Le pessimiste. Some people are convinced that things will always turn out badly. What about you? Express your agreement or disagreement with the speaker's statements.

MODÈLES: Nos problèmes vont **devenir** plus nombreux.
              En effet, nos problèmes **deviendront** plus nombreux.
   ou: _C'est ridicule! Nos problèmes **ne deviendront pas** plus nombreux!_

1.   Notre planète va **être** détruite.

_____

2.   Beaucoup de gens vont **avoir** faim et soif.

_____

3.   Le nombre des catastrophes naturelles va **grandir**.

_____

4.   On ne va plus **répondre** à la voix de sa conscience.

_____

5.   Les voitures vont **prendre** la place des piétons et des vélos.

_____

6. Le soleil va **devenir** trop fort.

_____

7. Les ordinateurs vont **savoir** tous les détails de nos vies privées.

_____

8. On ne va pas **pouvoir** vivre librement.

_____

9. On va **voir** beaucoup plus de crimes.

_____

10. Une guerre nucléaire va **faire** des ravages *(play havoc)*.

_____

13-13 Rêves d'avenir. Indicate what your life will be like under the following circumstances.

1. Quand l'été arrivera, _____

_____

2. Quand j'aurai plus de temps libre, _____

_____

3. Quand je recevrai mon diplôme, _____

_____

4. Quand je serai indépendant(e), _____

_____

5. Quand j'aurai ma propre maison (mon propre appartement), _____

_____

6. Quand j'aurai un travail à plein temps, _____

_____

7. Quand je serai vieux/vieille, _____

_____

Découvertes

Lecture

13-14 Que sera la francophonie au XXIe siècle? This text looks ahead to the prospects in the twenty-first century for **la francophonie**, the large and diverse community of countries that continue to use French as an official language. The text is a sophisticated one, and you may wish to apply to your reading of it some of the strategies that you have been learning this year. To further orient your discovery of the text, consider reading the related comprehension questions before you begin. These can help alert you to the key information that you should be looking for.

> Que sera la francophonie au XXIe siècle? Tout porte à croire que malgré un certain recul de la langue française par rapport à l'anglais, elle sera vivante et riche dans sa diversité. Le fait francophone se manifeste aussi bien à travers le tourisme, la musique, ou la littérature et la politique. Le métissage culturel
> 5 célébré par Léopold Senghor[1] est devenu tout à fait naturel aux jeunes francophones et consubstantiel à cette nouvelle culture, qui n'hésite pas à conjuguer dans les Francofolies[2], par exemple, les récitatifs° maghrébins   *recitative* avec les mélopées° celtes, les saveurs du créole avec la poésie   *singsong chant* québécoise, les piments africains avec la cuisine vietnamienne. [...]
> 10 Chaque période de l'humanité a pourtant bien connu ses modifications et ses révolutions. La francophonie n'échappe pas aux courants dans lesquels elle s'insère. Le secteur des télécommunications s'est radicalement transformé, entraînant des changements de civilisation. Ce fait de société ne peut que faire évoluer les rapports entre francophones. Curieusement la Sorbonne [...] n'était
> 15 pas encore reliée au réseau Internet à la fin de l'année universitaire 1996–97. Mais de jeunes chercheurs à Edmundston, au Nouveau-Brunswick, lançaient un Centre international pour le développement d'inforoutes en français. On voit que la francophonie a suffisamment d'atouts pour reprendre le flambeau°   *pass the torch* dans tous les domaines.
> 20 [Enfin] La francophonie sera sans doute plus fraternelle et surtout plus conviviale. [...]

(Source: d'après Michel Tétu, *Qu'est-ce que la francophonie?* Paris: Hachette-Edicef, 1997)

Avez-vouz compris? Now answer the questions.

1. Is the advancement of English a serious threat to **la francophonie**?

_____

_____

2. List the many ways in which **la francophonie** manifests itself.

_____

_____

[1]. A former president of Senegal and very distinguished French writer and poet. He was one of the first to conceive of the concept of **la francophonie**.

[2]. **Francofolies** is an annual musical event. See http://www.francofolies.fr

3. What do you understand the term **métissage culturel** to mean? What are the examples given? Can you think of others?

_____

_____

4. Where did the initiative of a Francophone Internet network come from? What does this prove?

_____

_____

5. What will be the probable nature of **la francophonie** in the future?

_____

_____

À vos stylos

13-15 Sept commandements. Select seven good habits that you believe will be beneficial both to you and the planet, explaining your reasoning. Follow the steps outlined in your textbook. Gather your ideas and take notes. Select the seven points you wish to develop. Decide in which order you will present your **commandements**. Don't forget a close proofreading!

_____

_____

_____

_____

_____

_____

Vidéo Parallèles

Dossier 1 *Premiers contacts*

De quoi s'agit-il?

In this segment you will observe French people of all ages greeting each other in many different circumstances and surroundings.

Clip 1.1 Bonjour!

Dans les coulisses *(Backstage)*

1-1 Le mot juste. List all the French greetings you know, from the most formal to the most informal.

1-2 Jeu de rôle. With a partner role-play the following situations, using the greetings you listed above.

1. Entering a store: merchant and customer greet each other.
2. Answering a ringing phone: try several greetings according to whether you and the person calling are good friends or just acquaintances.
3. An introduction: you introduce your spouse and daughter to a business acquaintance.
4. A business situation: you greet clients coming into your office and ask them to sit down.

En scène! *(On stage!)*

1-3 Vrai ou faux? Check **V** (**Vrai**) or **F** (**Faux**) to indicate whether each statement is true or false in relation to the scenes you viewed.

	V	F	
1.	_____	_____	All the greetings in the clip are formal.
2.	_____	_____	Handshakes do not accompany all greetings.
3.	_____	_____	Usually only one kiss is planted on the cheek.
4.	_____	_____	When people meet on the street, they never exchange kisses.
5.	_____	_____	The word **bonjour** is pronounced in the same manner in every situation.

Parallèles culturels

1-4 Vu et entendu. Greetings were the focal point of this clip. However, since the scenes were filmed in France you also had the opportunity to make some other observations.

1. Mark which places you saw in the clip and write down the visual cues (physical surroundings, objects, clothing, gestures, facial expressions) that enabled you to identify each setting.

_____ a classroom or the stage of a TV show for
         children   _____

_____ a butcher store   _____

_____ a bookstore   _____

_____ an insurance office or perhaps a bank   _____

_____ a factory or warehouse of some kind   _____

_____ a hospital   _____

_____ a driving school   _____

2. Name a popular pastime among young children and adolescents.

_____

1-5 À votre tour. Imagine that you have to film a response to this video, showing greetings in your own culture. On a separate sheet of paper, explain briefly how you would go about organizing your clip. What situations would you film? What surroundings would you show? Write a brief script.

Dossier 2 *On rejoint la communauté francophone*

De quoi s'agit-il?

In the first clip you will compare definitions of **la francophonie** given by both a university professor and a former cabinet minister. In the second and third clip, you will visit French classes in Cambodia and Mali, meet teenagers from Canada and Croatia, listen to an African storyteller, and learn about the relationship between Creole and French.

Clip 2.1 Définitions de la francophonie
Clip 2.2 Voix francophones
Clip 2.3 Expressions francophones

Dans les coulisses

2-1 Le mot juste

1. In small groups, each one of you gives your own definition of **la francophonie.** Compare your definitions.
2. Make a list of the different countries or regions you know in which French is an official language. Use the map on the endpapers of your textbook to complete the list. How many countries and regions did you identify?

2-2 Questions personnelles

1. In small groups, compare the reasons why you chose to study French. Was the fact that French is spoken in so many countries outside of France a factor?
2. Find Cambodia and Mali on a map. Why do you think children learn French in these countries today? Do you think children in Canada and in Europe have the same reasons for learning French?
3. If you wanted to make your classmates aware of other countries in which French is spoken, what activities would you organize: films? theater? art exhibits? a crafts fair? story-telling? dances? writing to pen pals? music sessions? visits from foreign guests? Give your reasons.
4. Look up the definition of *Creole* in a dictionary. Since you will meet a poet from Mauritius, find his country on a map. Do you know of any other countries where Creole is spoken?

En scène!

2-3 Vrai ou faux? Check **V** (**vrai**) or **F** (**faux**) to indicate whether each statement is true or false. Explain your reason for each response in relation to the scenes you viewed.

          V   F

1. _____ _____ Francophone countries make up a homogeneous whole.

2. _____ _____ Francophone countries are a microcosm of the world.

3. _____ _____ Solutions that the Francophone world finds to modern problems will work only for the Francophone world.

4. _____ _____ The concept of **francophonie** cannot be understood without a historical background.

5. _____ _____ The study of French may open the doors of higher education for many children.

6. _____ _____ For many children in Mali, French is the mother tongue.

7. _____ _____ One can watch French TV programs outside of France.

8. _____ _____ High-ranking officials were the only persons interviewed in this video segment.

2-4 Corrections. Circle the expression that correctly completes each statement.

1. On compte officiellement (14 / 45 / 47) pays francophones.
2. Parmi les pays francophones, (il y a / il n'y a pas) de pays industrialisés.
3. Dans la majorité des pays francophones, le français est (la langue maternelle / une langue adoptée).
4. Au Mali, on parle français (seulement à l'école / à l'école et à la maison).
5. Éliane, de Montréal, (a l'intention / n'a pas l'intention) de visiter la France.
6. Tomislav, de Zagreb, (regarde / ne regarde pas) la télévision française.
7. (Des animaux / Des personnes) sont les héros du conte *(tale)* africain.
8. Le mot créole pour «maman» est similaire au mot (français / anglais).

2-5 Expression personnelle. Complete the sentences below.

1. Les pays francophones présentent beaucoup de diversité. Ils ont _____

_____.

2. L'histoire des pays francophones c'est aussi l'histoire _____

_____.

3. En Afrique et en Europe les enfants étudient le français pour les raisons suivantes: _____

_____.

4. Au Mali, en classe, les enfants _____, mais à la maison, ils

_____.

5. Éliane a l'intention d'aller en France parce qu'elle _____

_____.

6 Tomislav utilise son français quand il _____

_____.

7. Pour découvrir la culture africaine, certains enfants français sont privilégiés. Ils _____

_____.

8. Dans certaines circonstances, apprendre le français est facile. Par exemple quand on parle déja

_____.

9. J'aime bien / je n'aime pas ce clip parce que _____

_____.

Parallèles culturels

2-6 Vu et entendu. In small groups, discuss the following statements and indicate how they apply to what you saw and heard on tape.

1. All persons interviewed on the tape appear to speak French with the same accent and pronunciation.
2. When speaking about the Francophone world, official representatives of the French government emphasize the individuality of each Francophone country.
3. French people do not seem to be very interested in other countries where French is spoken.
4. The study of French gives students in third-world countries an opportunity to have access to higher education.

2-7 À votre tour

1. Review the definitions of **francophonie** that you and your classmates came up with before you reviewed the video clips. Revise your definitions to reflect the knowledge you gained from the video.
2. Draw some parallels between the Francophone world and the Anglophone world: size, population, communications, opportunities, etc.

Dossier 3 *Tour de France*

De quoi s'agit-il?

Vous êtes invités à un tour de France express: visitez la Bretagne, le Périgord, la Côte d'Azur, les Alpes, l'Alsace, la Champagne et, bien sûr, Paris.

Clip 3.1 La France tout en images

Dans les coulisses

3-1 Le mot juste. En petits groupes, faites une liste des mots et expressions évoquant la géographie ou les attractions touristiques d'une région ou pays que vous désirez visiter. Puis qualifiez ces endroits avec des adjectifs appropriés.

3-2 Opinions personnelles. Regardez la carte de France à l'intérieur de la couverture de votre manuel. Indiquez à votre partenaire quelle(s) région(s) vous avez envie de visiter. Basez vos commentaires sur votre expérience personnelle: livres, films, documentaires, photos, voyages, impressions de voyageurs, etc. Expliquez la raison de votre choix.

En scène!

3-3 Identifications. Identifiez la ou les régions concernées par les phrases suivantes. Bien sûr, expliquez vos réponses!

B = Bretagne, P = Périgord, CA = Côte d'Azur, ALP = Alpes, A = Alsace, C = Champagne, PA = Paris

_____ 1. Des châteaux, des châteaux et encore des châteaux!

_____ 2. On s'y promène le long de canaux.

_____ 3. Les touristes y arrivent nombreux pendant la saison.

_____ 4. On y trouve des rochers et des falaises.

_____ 5. Il y a beaucoup de spécialités gastronomiques.

_____ 6. N'oubliez pas d'aller dans les caves!

_____ 7. De vieux villages ensoleillés *(sunny)* y charment les visiteurs.

_____ 8. Il n'y a pas d'autre ville au monde aussi belle et aussi célèbre.

_____ 9. Attention: il n'y fait pas toujours très beau temps!

_____10. On trouve de belles plages.

3-4 Expression personnelle

1. À l'exclusion des monuments de Paris, combien de types différents d'architecture remarquez-vous sur ce clip? Quels types de climats y sont illustrés? Quelles époques historiques y ont laissé leur marque? Imaginez-vous quels types de ressources on trouve dans ces régions?
2. En petits groupes, indiquez à vos camarades quelle est votre région préférée. Donnez vos raisons.
3. Dans le clip sur Paris, quels monuments parisiens identifiez-vous? Faites cet exercice avec un partenaire, bien sûr!

Parallèles culturels

3-5 Vu et entendu. En petits groupes, discutez les opinions ci-dessous. Êtes-vous tout à fait d'accord, assez d'accord ou pas d'accord? Indiquez comment le clip justifie votre opinion.

	TOUT À FAIT D'ACCORD	ASSEZ D'ACCORD	PAS D'ACCORD
1. Pour les Français, la gastronomie fait partie de la géographie.	____	____	____
2. Les sports d'hiver ne sont pas encore très populaires en France.	____	____	____
3. Hélas! Il n'y a pas de souvenirs de l'occupation romaine!	____	____	____
4. La France est certainement le pays des châteaux!			
5. Les Alsaciens aiment beaucoup les fleurs.	____	____	____
6. Le climat de la Bretagne est toujours très doux.	____	____	____
7. Il y a toujours un petit marché à proximité de votre destination.	____	____	____

3-6 À votre tour

1. Indiquez à vos camarades comment le clip correspond ou ne correspond pas à vos connaissances antérieures de la France.
2. En petits groupes, utilisez les remarques préparées pour l'activité 3–5 pour rédiger un commentaire sur votre région préférée. Demandez au professeur de jouer le clip sans le son *(without the sound)*: vous faites le commentaire des images!
3. Imaginez que vous avez trois minutes pour montrer des images de votre pays ou région. Indiquez quelles images vous allez sélectionner et pourquoi.

Dossier 4 *La ville et le quartier*

De quoi s'agit-il?

Rencontrez les habitants d'une petite ville et, de retour à Paris, faites une promenade dans certaines rues et endroits devenus musées le temps d'une exposition *(turned into museums for the time of the exhibit)*. Pour finir, rendez-vous à la gare.

Clip 4.1 Une petite ville
Clip 4.2 L'art dans la rue
Clip 4.3 Ça arrive à tout le monde!

Dans les coulisses

4-1 Le mot juste. En petits groupes, faites une liste des avantages et des inconvénients de la vie en ville *(life in the city)*. Pour compléter votre liste, faites des comparaisons avec les autres groupes.

4-2 Questions personnelles

1. Expliquez pourquoi vous aimez ou n'aimez pas la ville où vous habitez maintenant.
2. Est-ce que la municipalité de votre ville fait des efforts pour rendre votre ville plus agréable? plus belle? plus intéressante? Dans quelle mesure êtes-vous d'accord ou pas d'accord?
3. Cherchez sur une carte où se trouve le département des Yvelines. À votre avis, quels sont les avantages et les inconvénients d'habiter dans un tel département?
4. Regardez le plan des monuments de Paris dans votre manuel. Montrez où se trouvent l'Arc de Triomphe et les Champs-Élysées, le Champ de Mars et la Tour Eiffel. Trouvez la place et la colonne Vendôme.
5. Quand vous prenez le train, l'avion ou le car *(bus)*, aimez-vous arriver plutôt très en avance? juste à l'heure? Pourquoi?
6. Quelle est l'abréviation logique pour nommer le train à grande vitesse?

En scène!

Clip 4.1 Une petite ville

4-3 Corrections en douceur! Référez-vous aux images du clip pour corriger les phrases suivantes.

MODÈLE: Triel est sur les bords du Rhône.
              Eh bien, il y a un fleuve, mais ce n'est pas le Rhône, c'est la Seine!

1. Les habitants pensent habiter la plus parfaite des villes.

_____

2. À mon avis, c'est l'hiver quand la journaliste rend visite aux habitants.

_____

3. En France, il n'est pas nécessaire d'avoir un casque quand on est à moto ou à vélo.

_____

4. Il y a un seul grand problème dans cette ville, c'est les vélos.

_____

5. Il n'y a pas de trottoirs *(sidewalks)* pour les piétons.

_____

6. C'est la circulation des cars *(buses)* dans la ville qui est terrible.

_____

7. Il est possible de faire des promenades en famille sans danger dans la ville.

_____

8. C'est une petite ville et les nuits sont très calmes.

_____

Clip 4.2 L'art dans la ville

4-4 Expression personnelle

1. Reliez par un trait l'endroit de l'exposition et le nom de l'artiste.
   Champs-Elysées   Bernard Venet
   place Vendôme   Fernando Botéro
   Champ-de-Mars   Marino Marini

2. À votre avis, qu'est-ce que les endroits parisiens où les sculptures sont exposées ont en commun?

3. Selon vous, quelle(s) réaction(s) ont la majorité des passants devant les sculptures qui décorent Paris: **surprise, plaisir, horreur, incompréhension, amusement, fascination**?

sur les Champs-Elysées: _____

place Vendôme: _____

au Champ de Mars: _____

Clip 4.3 Ça arrive à tout le monde!

4-5 Vrai ou faux? Indiquez pourquoi les phrases suivantes sont vraies ou fausses.

          V   F

1. _____ _____   Un employé ferme les portes du train.

2. _____ _____   Tous *(All)* les voyageurs sur le quai *(platform)* montent dans le train.

3. _____ _____   Il est possible d'accompagner sa famille ou amis sur le quai.

4. _____ _____   Les deux personnes interviewées sont assez calmes.

5. _____ _____   Il n'est pas possible de prendre un autre train le jour-même.

Vidéo Parallèles

4-6 Opinions

1. Imaginez que vous habitez Triel, la ville en bord de Seine. Expliquez pourquoi vous aimez ou détestez cet endroit. Basez vos raisons sur les images présentées dans le clip.
2. Vous et votre partenaire êtes responsables d'un programme pour présenter des œuvres d'art dans les rues de votre ville. Qu'est ce que vous allez choisir? Où allez-vous placer ces œuvres? Pour quel public? Essayez d'anticiper la réaction des habitants.
3. Quels conseils allez-vous donner à des amis qui désirent prendre le TGV?

Parallèles culturels

4-7 Vu et entendu

1. Vous avez sûrement remarqué des panneaux routiers *(street signs)* dans la ville. Trouvez leur signification.
2. Comment un groupe d'enfants arrive-t-il à circuler dans la rue sans danger? Basez votre réponse sur les images du clip.
3. Dans une rue très étroite *(narrow)* il n'y a pas de place pour une vraie station-service. Où les motocyclistes réussissent-ils à trouver de l'essence *(gas)*? Basez votre réponse sur les images du clip.
4. Les piétons *(pedestrians)* ont-ils un endroit sûr pour traverser les rues? Basez votre réponse sur les images du clip.
5. Le grand problème de la ville de Triel est causé, selon ses habitants, par la circulation d'un grand nombre de camions *(trucks)*. À votre avis, pourquoi y a-t-il/n'y a-t-il pas de camions sur le clip?
6. Comment les annonces sont-elles faites dans la gare parisienne? par un tableau électronique? par haut-parleur? Y a-t-il beaucoup d'employés pour prendre les billets? aider les voyageurs?
7. Intonation et gestes: À votre avis, quelle personne est la plus expressive? (Observez l'intonation, le mouvement des mains ou du corps.)
8. Cette «petite ville» vous semble-t-elle grande ou petite? Donnez vos raisons.

4-8 À votre tour. Une chaîne de télévision étrangère désire faire un reportage sur une ville de votre région. Explique pourquoi on doit *(they must)* choisir votre ville et son intérêt pour des étrangers.

Dossier 5   *Des gens de toutes sortes*

De quoi s'agit-il?

Allez rendre visite à un peintre, à un joueur de tennis en fauteuil roulant *(wheelchair)*, au directeur d'une école des métiers des images et du son, à un réparateur de porcelaine *(china)*, à un vigneron *(winemaker)* amateur, à une danseuse des Folies Bergères, à un prêtre *(priest)* passionné de planeur *(glider)*, à de grands timides, à des jumeaux *(twins)*.

Clip 5.1 Séries de portraits

Dans les coulisses

5-1 Questions personnelles

1. Quelle(s) différences y a-t-il entre un graffiti *(short: graf)* et un tableau *(painting)*?
2. Connaissez-vous des athlètes handicapés qui ont réussi à faire du sport «comme tout le monde» et mieux *(better)* que tout le monde? Donnez-des exemples.
3. À votre avis comment et où apprendre les métiers du cinéma?
4. Que faites-vous quand un objet fragile est cassé *(broken)* par vous-même, par votre femme de ménage ou votre chat? Jetez-vous cet *(Do you throw out)* objet? Cherchez-vous une manière de le réparer?
5. Le jardinage *(gardening)* fait-il partie de vos activités de loisirs? Pourquoi oui ou pourquoi non?
6. Renseignez-vous sur le théâtre des Folies Bergères à Paris. Est-ce plutôt un théâtre classique, d'avant-garde, un cabaret?
7. Imaginez que vous désirez piloter un avion. Quel type d'appareil allez-vous essayer: un avion à hélices *(propellers)*? un bimoteur? un planeur *(glider)*? Pourquoi?
8. À votre avis, la timidité est-elle un handicap sérieux? Pour quelles raisons?
9. À votre avis, de vrais jumeaux *(twins)* se ressemblent-ils toujours? Partagent-ils obligatoirement des traits de caractère? Ont-ils toujours des goûts semblables?

En scène!

5-2 Mais oui! Mais non! Basez-vous sur les images du clip pour soutenir ou contredire les assertions ci-dessous.

		OUI	NON
1.	Les personnes interviewées sont toutes des personnes très jeunes.	_____	_____
2.	Les entretiens sont toujours filmés là où les personnes interviewées travaillent.	_____	_____
3.	Par hasard, la majorité des personnes interviewées portent des lunettes.	_____	_____
4.	Les Français fument beaucoup de cigarettes.	_____	_____
5.	Les jumeaux sont de grands timides.	_____	_____
6.	La population française compte une majorité de Françaises, et le clip illustre bien ce fait.	_____	_____
7.	Le clip ne présente pas d'artistes ou travailleurs manuels.	_____	_____
8.	La population active compte aussi des prêtres et religieux, des militaires; pourtant *(however)* ces gens ne sont pas interviewés sur ce clip!	_____	_____

5-3 Opinion. À votre avis, qui est la personne la plus sympathique, la moins sympathique, la plus courageuse, la plus touchante, la plus originale, la plus drôle, la plus ennuyeuse, la plus sympathique? Donnez vos raisons.

Parallèles culturels

5-4 Vu et entendu. Est-ce que les entretiens vous donnent une bonne idée de la société française? À votre avis, quelles personnes manquent *(are missing)*? Partagez vos réponses en petits groupes.

5-5 À votre tour. On vous demande d'interviewer une dizaine de personnes pour présenter la population de votre ville ou région. Qui allez-vous inviter et pourquoi?

Dossier 6   *Chez soi*

De quoi s'agit-il?

La majorité des Français habitent dans des villes. Visitez les banlieues de ces grandes villes, écoutez les enfants de ces cités modernes décrire leur maison idéale. Enfin, partagez la vie de Delphine qui habite dans un foyer de l'Armée du Salut *(Salvation Army)*.

Clip 6.1 La maison idéale
Clip 6.2 Sans domicile fixe (S.D.F. = *homeless*)

Dans les coulisses

6-1 Questions personnelles

1. Faites individuellement une liste, assez courte, des caractéristiques de la maison idéale. Puis, partagez votre liste avec des camarades. Comment vos listes se ressemblent-elles ou diffèrent-elles?
2. Décrivez la banlieue *(outskirts)* d'une grande ville: bâtiments, espaces verts, terrains de jeux, diversité de la population, sécurité, etc.
3. Dans votre communauté, y a-t-il des personnes sans domicile fixe *(homeless)*? Qui sont-elles? Est-ce que des organismes publics ou privés leur offre de l'aide?

En scène

Clip 6.1 La maison idéale

6-2 La vie en banlieue. Que vous ont appris les images sur les sujets suivants?

1. Architecture (petits pavillons, grands ensembles, mélange de vieux et modernes, espaces verts, terrains de jeux, magasins)
2. Sécurité (présence d'officiers de police, circulation de voitures)
3. Distractions favorites des habitants
4. Diversité de la population

6-3 Du rêve à la réalité. Contrastez les rêves des enfants et leur réalité quotidienne. Partagez vos remarques avec des camarades.

Clip 6.2 Sans domicile fixe

6-4 Le foyer de l'Armée du Salut. Regardez attentivement le clip, puis faites une description du foyer de l'Armée du Salut. Organisez vos remarques sous les catégories suivantes:

* Population (jeune, âgée, tous âges, familles, individus, etc.)
* Durée de séjour
* Espace personnel (ameublement, décoration)
* Espaces communs (salles à manger, salles de télévision, salles de jeux, etc.)

6-5 Delphine. Prenez des notes pour vous aider à faire un petit portrait de Delphine: portrait physique, situation de famille, situation scolaire. Comparez vos notes. À votre avis, Delphine apprécie-t-elle de vivre dans ces conditions? Pourquoi? Espère-t-elle avoir un jour une maison? Sur quelle(s) personne(s) compte-t-elle?

Parallèles culturels

6-6 Vu et entendu

1. Delphine mentionne la Direction de l'Action Sanitaire et Sociale par ses initiales, la DASS. Elle dit: «ma Maman, elle travaillait, mon beau-père, il nous tapait dessus quand ma maman travaillait et un jour la DASS (Direction de l'Action Sanitaire et Sociale)... allait venir nous chercher... Alors, ... on est tous partis.» À votre avis, quelle est la fonction de la DASS? Selon vous, la mère de Delphine a quitté son domicile avec ses enfants pour empêcher *(prevent)* quelle action de la DASS?
2. La DASS et l'Armée du Salut sont les deux organismes mentionnés dans le clip. Dans votre pays, y a-t-il des organismes semblables? Expliquez.

6-7 À votre tour.
En petits groupes, essayez de comparer les images évoquées par les mots suivants: **abri, foyer, maison, résidence, chez soi, intérieur, ménage**. N'hésitez pas à consulter un dictionnaire. Y a-t-il des notions que vous trouvez difficiles à traduire? Lesquelles? Pourquoi?

Dossier 7 *La table*

De quoi s'agit-il?

Allez d'abord faire votre marché, puis trouvez des idées pour mettre une jolie table et composer un repas bien équilibré. Sinon, il reste toujours le restaurant! Enfin retournez à l'école pour affiner votre sens du goût.

Clip 7.1 Faire son marché
Clip 7.2 Les différents types de repas
Clip 7.3 Les aliments
Clip 7.4 L'école du goût

Dans les coulisses

7-1 Questions personnelles. En petits groupes comparez vos habitudes.

1. Où achetez-vous vos aliments? Combien de fois par semaine?
2. Faites-vous attention à la composition de vos repas?
3. Faites-vous des efforts spéciaux pour mettre une jolie table?
4. Vous arrive-t-il souvent ou rarement de manger un sandwich dans la rue?
5. Allez-vous souvent ou peu souvent au restaurant ou café?
6. Quel genre de restaurants fréquentez-vous le plus souvent (restauration rapide, restaurant gastronomique, restaurant exotique, cafétéria)?
7. En ce qui concerne les aliments, quelles saveurs préférez-vous ou détestez-vous: acide, amer *(bitter)*, salé, sucré, piquante? Et quelle texture: dur *(hard)*, mou *(soft)*, lisse *(smooth)*, gluant *(sticky)*, sec *(dry)*?

En scène

7-2 Observations. Notez vos observations pour les clips suivants.

Clip 7.1 Faire son marché

1. Indiquez quel monument indique la ville du marché.
2. Quels stands est-ce que vous avez vus sur le clip: laits et fromages? fruits et légumes? chaussures? boucherie? charcuterie? livres? poissonnerie? vêtements?

Clip 7.2 Les différents types de repas

3. Vous observez deux familles à l'heure des repas. Quels repas?
4. Les restaurants visités sur le clip sont-ils semblables? Expliquez votre réponse.

Clip 7.3 Les aliments

5. Quelle est votre opinion du repas préparé par Raphaëlle et Philippe? Expliquez votre réponse.

Clip 7.4 L'école du goût

6. Quels aliments les enfants goûtent-ils *(taste)*? À votre avis, les enfants apprécient-ils cette leçon?

7-3 Est-ce exact? Indiquez si ces phrases correspondent aux clips visionnés.

	OUI	NON
1. Au marché, les enfants sont mal accueillis par les commerçants.	_____	_____
2. Au moment des repas pris en famille, les parents font des remarques aux enfants concernant leurs manières de tables.	_____	_____
3. La cuisine chinoise fait grossir.	_____	_____
4. N'oubliez pas la place de l'eau dans l'alimentation!	_____	_____
5. Le goût pour certaines saveurs est inné: on ne peut pas le changer!	_____	_____

Parallèles culturels

7-4 Vu et entendu. Les images présentées correspondent-elles à vos idées sur les habitudes alimentaires des Français? Ou bien êtes-vous surpris(e)? Expliquez.

7-5 À votre tour. Faites ou imaginez un collage illustrant les habitudes alimentaires et spécialités de votre région.

Dossier 8 *La famille et le calendrier*

De quoi s'agit-il?

Vous êtes invité à un mariage, aux fêtes du 14 juillet et à la fête du vin nouveau. Vous comparez l'importance de Noël dans la vie de certains Français. Vous êtes invité dans l'intimité de trois familles bien différentes.

Clip 1. Au hasard du calendrier: Noël, le 14 juillet, la fête du vin nouveau
Clip 2. Propos de famille: les enfants du divorce, la prière en famille, l'adoption
Clip 3. Par un bel après-midi d'été: mon mariage

Dans les coulisses

8-1 Questions personnelles. En petits groupes, discutez un des sujets ci-dessous:

1. Les images évoquées pour vous par les mots suivants: Noël, le 4 juillet, la période des récoltes *(harvest)*.
2. Faites une liste des événements de la vie familiale, puis des émotions, positives ou négatives, qui les accompagnent *(which go with them)*.

En scène

8-2 Observations. Notez vos observations pour les clips suivants.

Clip 8.1 Au hasard du calendrier
1. Comment la saison de Noël est-elle évidente?
2. Quelle(s) personnalité(s) et quelles armes *(weapons)* prennent part au défilé du 14 juillet?
3. En quoi consiste le costume traditionnel des vignerons *(winemakers)* de Loudun?

Clip 8.2 Propos de famille

4. Quelles sortes de famille illustrent les trois clips que vous avez vus? traditionnelle, enfants adoptés, parents divorcés, familles recomposées?

Clip 8.3 Par un bel après-midi d'été

5. Relevez tous les éléments traditionnels de cette célébration.

8-3 L'un ou l'autre ou... les deux? En vous basant sur les clips visionnés, indiquez si les deux remarques **a** et **b** les vérifient. Donnez vos raisons et donnez une référence aux images du clip.

_____ 1a.   Noël est une fête de famille.

_____ 1b.   Noël est une fête commerciale.

_____ 2a.   Les Français sont peu nombreux à assister au défilé militaire du 14 juillet.

_____ 2b.   Les Français sont nombreux à assister au défilé militaire du 14 juillet.

_____ 3a.   La fête du vin nouveau a lieu chaque année partout en France.

_____ 3b.   La fête du vin nouveau est une fête très rare.

_____ 4a.   Magali accepte le divorce de ses parents.

_____ 4b.   Magali accepte le divorce de ses parents, mais pas les nouveaux partenaires de ses parents.

_____ 5a.   Pour certains catholiques français la prière est une affaire individuelle.

_____ 5b.   Pour certains catholiques français la prière est une affaire familiale.

_____ 6a.   Dans la famille Boursicot, le père s'occupe des devoirs des enfants et du travail ménager.

_____ 6b.   Dans la famille Boursicot, le père s'occupe des devoirs des enfants mais pas du travail ménager.

_____ 7a.   Les mariés ont serré la main à plus de 100 personnes.

_____ 7b.   Les mariés ont serré la main et embrassé plus de 100 personnes.

Parallèles culturels

8-4 Vu et entendu. Basez-vous sur les images visionnées pour indiquer si vous êtes plutôt d'accord ou pas d'accord avec les remarques suivantes.

	D'ACCORD	PAS D'ACCORD
1. Il n'y a plus de catholiques pratiquants en France.	_____	_____
2. Les Français adorent les cérémonies officielles: défilés, musique, etc.	_____	_____
3. La famille en France reste une institution très traditionnelle.	_____	_____
4. Les Français ne se marient plus.	_____	_____
5. Il y a pas assez d'enfants français pour satisfaire aux demandes d'adoption.	_____	_____

8-5 À votre tour. Quelles fêtes ou célébrations typiques de votre pays, région ou culture désirez-vous présenter à un étranger au hasard du calendrier *(the calendar at a glance)*? En petits groupes, proposez vos idées, débatez-les, trouvez un compromis et présentez votre approche au reste de vos camarades.

Dossier 9 *Les années de lycée*

De quoi s'agit-il?

Rencontrez une jeune sportive qui vous décrit son emploi du temps chargé. Écoutez de jeunes Français vous donner leur opinion sur l'importance du bac.

Clip 9.1 Mon emploi du temps
Clip 9.2 À quoi sert le bac? (entretiens avec des étudiants)

Dans les coulisses

9-1 Questions personnelles

1. Indiquez quel est votre emploi du temps typique ce trimestre (ce semestre, cette année). Comparez vos habitudes et obligations avec les habitudes et obligations de vos camarades.
2. Y a-t-il parmi vous des personnes qui suivent un entraînement (sportif ou autre) intensif? Demandez-leur comment elles arrangent leur emploi du temps.
3. En petits groupes, discutez de l'importance accordée au diplôme qui marque la fin des études secondaires: est-ce une étape nécessaire, indispensable? une clé pour l'avenir? un papier sans importance? une aide ou une garantie pour trouver un premier emploi? la preuve que l'on a gagné des compétences? Bien sûr, donnez vos raisons.

En scène

Clip 9.1 Mon emploi du temps

9-2 La vie en images. Indiquez quelles images du clip vous fournissent les renseignements suivants:

1. Le sport pratiqué par la jeune fille: _____

2. Deux de ses activités de loisirs: _____

3. Les succès passés: _____

9-3 Observations personnelles: Un emploi du temps bien chargé. Notez à quel moment de la journée ont lieu les activités suivantes.

1. lever: _____

2. départ pour l'école: _____

3. cours: _____

4. déjeuner: _____

5. changement de vêtements: _____

6. commencement de l'entraînement: _____

7. durée de la pause: _____

8. retour à la maison: _____

9. dîner: _____

10. devoirs: _____

11. coucher: _____

Clip 9-2 À quoi sert le bac?

9-4 En direct. Indiquez les endroits où les lycéens ont été filmés (**salle de classe, cour de récréation, rue, café, cafétéria**). Dans quels endroits ont-ils/elles parlé directement au reporter? Des adultes ont-ils aussi été filmés? interviewés? Justifiez vos réponses en vous reportant aux images du clip.

9-5 L'importance du bac? Indiquez qui a exprimé les opinions suivantes. Attention: certaines opinions sont exprimées plus d'une fois!

_____ 1. Xavier   a. l'accès à l'enseignement supérieur

_____ 2. Isabelle   b. une simple étape de la vie

_____ 3. Claude   c. une formalité sans importance

_____ 4. Ludovic   d. la garantie d'une vie confortable et indépendante

_____ 5. Farida   e. une clé pour l'avenir

_____ 6. Dominique

Parallèles culturels

9-6 Vu et entendu. Les images que vous avez vues justifient-elles les assertions suivantes?

	D'ACCORD	PAS D'ACCORD
1. Les jeunes athlètes doivent sacrifier leurs études.	_____	_____
2. Les lycéens français s'intéressent trop à la politique, pas assez à leurs études.	_____	_____
3. Les lycées ne sont pas des établissements mixtes *(coed)*.	_____	_____
4. La seule chose importante pour les jeunes d'aujourd'hui, c'est leur confort.	_____	_____
5. La plupart des lycéens sont très conscients de l'importance du bac pour leur avenir.	_____	_____

9-7 À votre tour. Dans votre culture, quelles sont les expériences images généralement associées à la fin des études secondaires? Quelles images ou quel scénario proposez-vous pour illustrer ces événements?

Dossier 10 *À la fac!*

De quoi s'agit-il?

Des étudiants discutent de leurs études, de leur genre de vie, de leurs préoccupations et de leurs projets pour l'avenir.

Clip 10.1 On fait des études: entretiens avec des étudiants
Clip 10.2 La vie d'étudiant: avantages et inconvénients
Clip 10.3 Et demain?

Dans les coulisses

10-1 Questions personnelles

1. En petits groupes, discutez les raisons pour lesquelles vous avez choisi de continuer vos études en fac.
2. Quels sont les avantages de la vie d'étudiant? Y a-t-il aussi des inconvénients? Indiquez lesquels.
3. Qu'espérez-vous pour l'avenir? En petits groupes, partagez vos craintes et vos espoirs.

En scène

10-2 Observations. Notez vos observations pour les clips suivants.
1. (Clip 10.1) Indiquez quelles carrières les étudiants interviewés préparent. Puis dites dans quel établissement ils sont inscrits (n'hésitez pas à faire une hypothèse).

médecine _____

professorat _____

sports _____

gestion _____

journalisme _____

arts _____

2. (Clip 10.1) D'après les étudiants interviewés, quels sont les avantages de la vie étudiante en ce qui concerne:

a. leur vie mondaine *(social life)*: _____

b. leurs finances: _____

c. leur vie intellectuelle: _____

d. leurs distractions: _____

e. leur conscience politique: _____

f. leur vie affective *(emotional life)*: _____

3. (Clip 10.3) Indiquez quelle est la crainte la plus souvent mentionnée.
4. En vous basant sur les remarques entendues, le mariage fait-il encore partie de l'avenir des jeunes Français? La politique a-t-elle une place importante dans leur vie? Justifiez vos réponses.

10-3 Une visite à la Fac. En compagnie du journaliste, vous avez visité plusieurs facs françaises. Dans quels endroits êtes-vous entré? Quelles sont vos impressions?

Parallèles culturels

10-4 Vu et entendu. En vous basant sur ce que vous avez vu et entendu, discutez les assertions suivantes:

1. À la Sorbonne il n'y a pas d'étudiants étrangers.
2. Dans une fac française, les espaces verts ne semblent pas exister.
3. Tous *(all)* les étudiants interviewés sont très sérieux.
4. Les inscriptions à la fac peuvent se faire par ordinateur Minitel.
5. Les étudiants français adoptent facilement les modes américaines.
6. Quand on ne sait pas quoi faire, il faut faire des études de gestion: elles sont polyvalentes *(versatile)*.
7. À la Fac, personne ne s'intéressse à la politique.

10-5 À votre tour. Comparez votre vie d'étudiant à la vie de l'étudiant français: A-t-il des avantages que vous n'avez pas? Avez-vous des avantages qu'il n'a pas? Partagez-vous les mêmes préoccupations, les mêmes craintes, les mêmes enthousiasmes? Donnez votre opinion basée sur les images des clips.

Dossier 11 *Les nombreuses décisions de la vie active*

De quoi s'agit-il?

Écoutez de jeunes travailleurs vous expliquer pourquoi et comment ils ont choisi leur métier. Partagez la perspective de quelques jeunes sur le chômage *(unemployment)* et l'utilité des diplômes.

Clip 11.1 Le choix d'un métier
Clip 11.2 Quelles perspectives?

Dans les coulisses

11-1 Questions personnelles

1. Est-ce que vous travaillez en faisant vos études? Indiquez pourquoi oui ou pourquoi non.
2. Avez-vous des ami(e)s qui ont choisi des métiers manuels? Quels métiers? Pour quelles raisons?
3. Y a-t-il des métiers qui, traditionnellement réservés aux hommes, s'ouvrent aujourd'hui aux femmes? Indiquez lesquels. À votre avis, quels avantages les femmes y trouvent-elles?
4. Avez-vous des conseils à partager avec vos camarades pour éviter *(avoid)* d'être au chômage *(unemployed)*?
5. À votre avis et d'après le contexte, quelle est la signification des expressions et mots suivants:

les Maghrébins   – les immigrés originaires d'Afrique du Nord
                                  – des Français spécialisés dans une profession

l'ANPE   – Agence Nationale Pour l'Environnement
                                  – Agence Nationale Pour l'Emploi

En scène

11-2 Tout en images

1. Indiquez l'endroit où ces deux clips ont été filmés: **un chantier** *(construction site)*; **un bureau**; **le métro**; **un atelier** *(workshop)*; **un hôpital**; **une école**?
2. Indiquez comment image et son *(sound)* dramatisent les statistiques du chômage sur le clip.

Clip 11.1 Le choix d'un métier

11-3 Pourquoi? Indiquez les raisons pour lesquelles les deux jeunes gens ont choisi leur métier:

	PERSONNE 1	PERSONNE 2	AUCUNE
1. influence d'un adulte	_____	_____	_____
2. besoin d'indépendance financière	_____	_____	_____
3. exemple de camarades	_____	_____	_____
4. inadéquation de l'enseignement traditionnel	_____	_____	_____
5. un stage de formation	_____	_____	_____

Clip 11.2 Quelles perspectives?

11-4 À mon avis. En vous basant sur ce que vous avez vu et entendu, êtes-vous d'accord ou pas d'accord avec les assertion suivantes. Justifez votre réponse.

	D'ACCORD	PAS D'ACCORD
1. Les immigrés volent le travail aux Français.	_____	_____
2. Les Français acceptent n'importe quel boulot.	_____	_____
3. Une personne au chômage ne doit pas accepter n'importe quel boulot.	_____	_____
4. Il est nécessaire d'offrir aux jeunes des groupes d'apprentissage.	_____	_____
5. On exige des qualifications très hautes pour n'importe quel métier.	_____	_____
6. Le bac est un diplôme tout à fait suffisant pour trouver un bon métier.	_____	_____
7. Dans la situation actuelle, il est plus que jamais essentiel de faire des études.	_____	_____

Parallèles culturels

11-5 Vu et entendu. En vous basant sur les images du clip, discutez les opinions suivantes.

1. Les jeunes Français ne s'intéressent pas au travail manuel.
2. Les femmes ont accès aux travaux manuels.
3. Les jeunes au chômage bénéficient de l'aide d'organisations gouvernementales.
4. En ce qui concerne le travail, il n'est pas question de racisme mais de compétences.
5. Les chômeurs doivent accepter n'importe quel travail, à n'importe quel salaire.
6. Il faut mieux apprendre un métier que faire de longues études.
7. Aujourd'hui, on exige beaucoup plus de diplômes et de qualifications que par le passé.

11-6 À votre tour. En ce moment, et dans les circonstances économiques actuelles, quelles sont les meilleures décisions qu'un jeune doit prendre pour préparer son avenir? Discutez ce sujet en petits groupes, puis partagez les suggestions de votre groupe avec le reste de vos camarades.

Dossier 12 *Loisirs et vacances*

De quoi s'agit-il?

Partagez les loisirs, vacances et passions de certains Français.

Clip 12.1 Temps libre: la Foire du Trône, camping et pique-nique, visites de musées et expositions, danse moderne, un café à la mode
Clip 12.2 Passionnés de... foot, piano, ordinateur
Clip 12.3 Partir en vacances: la route en roulotte, tourisme culturel, le saut à l'élastique, le raft

Dans les coulisses

12-1 Questions personnelles

1. En petits groupes, discutez ce que vous faites de votre temps libre, puis partagez et comparez vos réponses avec le reste de vos camarades.
2. Êtes-vous fanatique d'un sport quelconque? Connaissez-vous de tels fanatiques? Donnez des détails.
3. Êtes-vous passionné(e) de quelque chose: un sport, une activité individuelle ou de groupe, une collection? En petits groupes, présentez cette passion à vos camarades.
4. Quelle sont, pour les jeunes de votre génération, des vacances idéales: un stage de formation ou de perfectionnement, l'occasion d'essayer quelque chose de nouveau, l'occasion de vous retrouver en famille ou entre copains, l'occasion de visiter des endroits nouveaux? Interviewez des copains en dehors de la classe, puis faites un petit rapport à vos camarades.

En scène

12-2 Des loisirs pour tous les goûts

1. Quelles activités de loisir vous ont été présentées sur les trois clips de ce dossier? Classez-les dans les catégories ci-dessous et dites dans quels endroits elles se déroulent.

a. Activités d'intérieur: _____

b. Activités de plein air: _____

c. Activités culturelles: _____

d. Activités sportives: _____

2. Quelle(s) façon(s) originale(s), de découvrir un endroit inconnu ces trois clips vous ont-ils présentées?

_____

_____

12-3 Un petit sourire. Les enfants ont parfois des expressions (faciales ou linguistiques) amusantes. Par exemple:

1. (Clip 12.1) À la foire du Trône King Kong fait une grosse impression sur un jeune spectateur. Décrivez comment cela vous a été apparent.
2. (Clip 12.2) Pour le jeune fan du club de foot PSG (Paris-Saint-Germain) le foot, ce n'est pas une grande famille, c'est «une sorte de maîtresse». Trouvez-vous cette remarque amusante? choquante? Pourquoi?

12-4 Quelques observations

1. (Clip 12.2) À quel âge le jeune amateur d'ordinateur a-t-il découvert sa passion? Pourquoi aime-t-il sa machine?
2. (Clip 12.3) Pendant vos dernières vacances, avez-vous visité un endroit historique? sauté à l'élastique *(bungee jumping)*, fait du raft *(rafting)*?

Parallèles culturels

12-5 Vu et entendu. En vous basant sur les images des clips, indiquez si les assertions suivantes sont vraies ou fausses et donnez vos raisons.

	V	F	
1.	_____	_____	Aujourd'hui les foires d'attractions ont moins de succès que dans le passé.
2.	_____	_____	Le scoutisme est populaire chez les jeunes Français.
3.	_____	_____	Un pique-nique à la française comporte toujours une baguette de pain et une bouteille d'eau minérale.
4.	_____	_____	Le café reste une forme de loisirs très populaire en France.
5.	_____	_____	Les passions collectives se déchaînent *(are unleashed)* au stade.
6.	_____	_____	L'accès à la culture est réservé à une élite.
7.	_____	_____	Les visites de châteaux ne se font jamais sans un guide.
8.	_____	_____	La semaine scolaire des jeunes enfants comporte du temps libre pour pratiquer des disciplines non-académiques.
9.	_____	_____	Le raft est un sport que les Français préfèrent pratiquer individuellement.
10.	_____	_____	Le saut à l'élastique est interdit en France.

12-6 À votre tour

1. Décrivez un endroit de rencontre à la mode sur votre campus ou dans votre communauté. Où est-ce? Qu'est-ce qu'on y trouve? Pourquoi y vient-on? Qu'est-ce qu'on y fait?
2. Vidéo promotionnelle. Le tourisme est une ressource économique importante. Partagez vos idées avec des camarades pour réaliser une bande vidéo pour promouvoir *(promote)* le tourisme dans votre région. Qu'allez-vous filmer? Qu'allez-vous dire?

Dossier 13 *La qualité de la vie*

De quoi s'agit-il?

Apprenez comment garder ou retrouver la forme, faites une visite à l'Hôpital des enfants malades et observez comment les Français s'attaquent aux problèmes de l'alcool au volant.

Clip 13.1 La forme, pas les formes! (régimes, exercices, hygiène de vie)
Clip 13.2 L'école à l'hôpital
Clip 13.3 L'alcool au volant

Dans les coulisses

13-1 Questions personnelles

1. Est-ce que vous allez faire ou avez-vous fait un régime cette année? En quoi consiste ou a consisté ce régime?
2. Y a-t-il des périodes de l'année où vous êtes plus motivés pour faire un régime? Indiquez vos raisons et partagez-les avec des camarades.
3. Dans votre communauté comment aide-t-on les enfants malades avec leur travail scolaire? enseignement par télévision, visites à domicile, etc.?
4. La conduite en état d'ivresse *(driving under the influence)* est-elle un problème dans votre communauté? Savez-vous quel chiffre d'alcoolémie est toléré par les autorités? Est-ce qu'il y a des contrôles? des conséquences légales?

En scène

13-2 Au régime! Répondez aux questions suivantes en vous basant sur le clip 13.1.

1. Mots à la mode. Quels sont les mots «magiques» que les magazines et les affiches utilisent pour convaincre leur public de la nécessité d'avoir «la forme et pas les formes»? Revoyez le début du clip plusieurs fois et copiez autant de ces mots que possible.
2. Quelle sorte de régime? Cochez les pratiques qui sont mentionnées sur le clip par les personnes qui veulent faire un régime:

_____ a. pas de sucre   _____ e. faire du sport

_____ b. davantage de fruits et légumes   _____ f. marcher davantage

_____ c. pas de graisse   _____ g. moins de féculents *(starchy foods)*

_____ d. non au chocolat   _____ h. pas de pâtisseries

3. Motivation. Cochez les raisons données sur le clip par les personnes qui veulent faire un régime.

_____ a. désir de plaire à une autre personne _____ d. influence de la saison

_____ b. influence des médias   _____ e. désir de porter un vêtement
                                                              particulier

_____ c. raisons de santé

4. Pas de régime pour moi! Il y a des personnes qui estiment qu'elles n'ont pas besoin de faire un régime. Cochez les raisons qu'elles ont données.

_____ a. Elles se trouvent bien comme elles sont.

_____ b. Elles trouvent que les régimes sont stupides.

_____ c. Elles font attention toute l'année.

_____ d. Les régimes les ennuient.

_____ e. Les régimes n'ont pas de résultats durables.

13-3 Faire des études à l'hôpital. Répondez aux questions suivantes en vous basant sur le clip 13.2.

1. À votre avis, tous les hôpitaux ont-ils une école? Justifiez votre réponse en vous basant sur le clip.
2. Les enfants sont-ils regroupés par niveau ou âge ou reçoivent-ils une aide individuelle?
3. L'école dispose-t-elle d'un matériel varié? À votre avis, pourquoi?
4. L'école fait-elle de la place pour des activités extra-scolaires? Justifiez votre réponse.
5. Dans cette école, les parents ont-ils un rôle à jouer?

13-4 L'alcool au volant. Répondez aux questions suivantes en vous basant sur le clip 13.3.

1. Les acteurs du drame. Quelles personnes sont présentes sur ce clip?

_____ a. le personnel médical

_____ b. les victimes

_____ c. les représentants de la justice

_____ d. les coupables

_____ e. les parents

_____ f. la police

_____ g. les pompiers *(firefighters, first aid)*

2. Des surprises. Pourquoi le docteur interviewée est-elle surprise? Indiquez la réponse.

_____ a. Les accidentés ont un chiffre d'alcoolémie inférieur au chiffre officiel.

_____ b. Les accidentés ont un chiffre d'alcoolémie égal au chiffre officiel.

_____ c. Les accidentés ont un chiffre d'alcoolémie supérieur au chiffre officiel.

Parallèles culturels

13-5 Vu et entendu. Les images du clip justifient-elles les assertions ci-dessous? Bien entendu, justifiez vos réponses!

1. L'obésité est un problème qui est courant en France.
2. Les hommes se préoccupent autant de leur forme que les femmes.
3. Essayer un maillot de bain est la meilleure façon de savoir si on a besoin d'un régime.
4. La forme est une obsession nationale.
5. Le résultat des régimes envisagés est deux ou trois kilos en moins.
6. L'industrie du régime est aux mains de grandes entreprises spécialisées.
7. Quand un enfant est malade, l'école n'est pas importante.
8. L'alcool au volant n'est pas considéré comme un problème sérieux.

13-6 À votre tour. Quelles sont les questions de santé qui sont à la mode en ce moment sur votre campus, dans votre communauté, dans votre pays? Expliquez comment ces préoccupations se manifestent: campagne de presse, parrainage *(endorsement)* de célébrités, campagnes d'information, appels de fond, etc.?

Dossier 14 *Questions d'actualité*

De quoi s'agit-il?

Trouvez dans ces entretiens l'expression concrète de grandes questions d'actualité telles que le Sida, l'avénement *(advent)* de nouvelles démocraties, les croyances religieuses, la sauvegarde de l'environnement. Rencontrez une grande personnalité: l'Abbé Pierre.

Clip 14.1 Je suis séropositif
Clip 14.2 Qu'est-ce que la démocratie?
Clip 14.3 Les droits de l'enfant avec l'Abbé Pierre
Clip 14.4 Le recyclage des déchets
Clip 14.5 La diversité des religions

Dans les coulisses

14-1 Questions personnelles

1. Pouvez-vous citer des cas où l'influence de la presse et des médias ont causé un changement de l'opinion publique? Donnez des détails.
2. Donnez rapidement votre définition du mot «démocratie» puis, en petits groupes, échangez et comparez votre définition avec des camarades. Présentez la meilleure définition au reste de la classe.
3. À votre avis, les enfants ont-ils des droits *(rights)*? Quels sont-ils?
4. La protection de l'environnement commence chez soi. Questionnez vos camarades pour savoir quels efforts ils font. Ensemble, établissez une liste de simples mesures qui ont d'importantes conséquences.
5. La tolérance est une vertu. Quelle sorte de tolérance désirez-vous voir pratiquée d'abord autour de vous? dans le monde entier? Discutez de vos espoirs avec des camarades.
6. Un peu de géographie. Trouvez le Bénin sur une carte d'Afrique et cherchez des renseignements supplémentaires sur ce pays dans une encyclopédie. Partagez et comparez vos renseignements avec vos camarades.

En scène

14-2 Le choc des images. Discutez les questions suivantes en petits groupes. Partagez vos réflexions avec le reste de vos camarades.

1. (Clip 14.1) À votre avis, les enfants réunis autour du jeune malade l'écoutent-ils avec attention?
2. (Clip 14.2) Le Bénin vous semble-t-il un pays moderne?
3. Au Bénin, les passants vous semblent-ils s'exprimer de la même façon que l'analyste politique?
4. (Clip 14.3) À votre avis, l'Abbé Pierre vous semble-t-il proche des enfants? de quelle(s) façons?
5. (Clip 14.4) Dans quels différents endroits, dans quelles différentes circonstances les enfants sont-ils filmés?
6. (Clip 14.5) Le jeune garçon interviewé mentionne le nom de sa religion, l'Islam, seulement vers la fin de l'entretien. Cependant, vous avez peut-être pu identifier sa religion plus tôt. Dites comment.

14-3 Remarques personnelles

1. (Clip 14.1) Une attitude positive. Le clip présente deux exemples d'attitudes positives, l'une adoptée par un groupe, l'autre adopté par un individu. Identifiez ces attitudes.

2. (Clip 14.2) Vive la démocratie! Indiquez quels bénéfices de la démocratie sont mentionnés sur le clip.

_____ a. le droit de vote pour tous

_____ b. la liberté d'exprimer son opinion sans peur

_____ c. la liberté de choisir son lieu de résidence

_____ d. la liberté de la presse et de l'information

_____ e. une aide pour l'économie du pays

_____ f. la possibilité de vivre en paix

_____ g. le respect des autres nations

3. L'analyste politique béninois interviewé vous paraît-il très optimiste sur l'avenir de la démocratie dans son pays?

4. (Clip 14.3) Les droits de l'enfant. Quelle formule résume le plus complètement la pensée de l'Abbé Pierre?

_____ a. Les enfants ont le droit d'aider le monde.
_____ b. Les enfants ont le droit de devenir demain des adultes responsables.
_____ c. Les enfants ont le droit d'avoir les mêmes conditions de vie que les adultes.

5. (Clip 14.4) Le recyclage. Le clip vous indique des raisons pour recycler. Indiquez celles qui ne sont pas mentionnées sur le clip.

_____ a. économiser l'eau
_____ b. économiser les matières premières
_____ c. créer de nouvelles industries
_____ d. nettoyer la planète
_____ e. aider les animaux à survivre
_____ f. repirer de l'air pur
_____ g. conserver les forêts

6. (Clip 14.5) La tolérance religieuse. Le jeune Musulman interviewé a-t-il été victime de l'intolérance religieuse?

7. À votre avis ce jeune homme donne-t-il l'exemple de la tolérance religieuse?

Parallèles culturels

14-4 Vu et entendu. D'après ce que vous avez vu et entendu sur les clips présentés, pouvez-vous identifier des préoccupations communes aux Français et aux habitants de votre pays? En petits groupes, faites-en une liste, puis comparez-la avec celle du reste de vos camarades.

14-5 À votre tour. L'actualité change tous les jours. Quels événements dans votre région ont récemment mis en lumière des problèmes de société? Indiquez lesquels.